ADRIANA FRIEDMANN

JORNADAS AUTOBIOGRÁFICAS

NARRATIVAS E MEMÓRIAS PARA A FORMAÇÃO DO EDUCADOR

Texto © Adriana Friedmann

Direção editorial
Marcelo Duarte
Patth Pachas
Tatiana Fulas

Gerente editorial
Vanessa Sayuri Sawada

Assistentes editoriais
Henrique Torres
Laís Cerullo
Samantha Culceag

Projeto gráfico
Marcello Araujo

Ilustração de capa
Tatiana Paiva

Diagramação
Carolina Ferreira

Preparação
Ronald Polito

Revisão
Gabriel Provinzano
Clarisse Lyra
Vanessa Oliveira Benassi

Impressão
Loyola

CIP-BRASIL. CATALOGAÇÃO NA PUBLICAÇÃO
SINDICATO NACIONAL DOS EDITORES DE LIVROS, RJ

F946j

Friedmann, Adriana
Jornadas autobiográficas: narrativas e memórias para a formação do educador / Adriana Friedmann. – 1. ed. – São Paulo: Panda Educação, 2023. 136 p.; 21 cm.

ISBN: 978-65-88457-21-4

1. Educação. 2. Professores – Formação. 3. Prática de ensino. 4. Biografia como forma literária. I. Título.

23-85621 CDD: 370.71
CDU: 37.026

Gabriela Faray Ferreira Lopes – Bibliotecária – CRB-7/6643

2023
Todos os direitos reservados à Panda Educação.
Um selo da Editora Original Ltda.
Rua Henrique Schaumann, 286, cj. 41
05413-010 – São Paulo – SP
Tel./Fax: (11) 3088-8444
edoriginal@pandabooks.com.br
www.pandabooks.com.br
Visite nosso Facebook, Instagram e Twitter.

Nenhuma parte desta publicação poderá ser reproduzida por qualquer meio ou forma sem a prévia autorização da Editora Original Ltda. A violação dos direitos autorais é crime estabelecido na Lei nº 9.610/98 e punido pelo artigo 184 do Código Penal.

FSC
www.fsc.org
MISTO
Papel produzido a partir de fontes responsáveis
FSC® C008008

Sumário

7 **Agradecimentos**

11 **Prefácio**

13 **Apresentação**

17 **Histórias de vida entrelaçadas**
20 Primeiras pistas

31 **Os estudos biográficos**
31 Estado da arte dos estudos biográficos
37 As complexas tramas da vida
41 Sementes de sabedoria: inspirações
54 Tecer a vida
59 Incursões nas investigações biográficas

74 **A entrevista individual: um estudo de caso**
75 Diário de campo: anotações
85 Impressões: como as histórias de outrem nos afetam
86 Ensaio interpretativo
92 À guisa de reflexão final

96 **Trilhas das histórias de vida**
98 Caminhos etnográficos: processos formativos
101 Estudos biográficos: um caminho possível
103 O caminho faz-se ao andar
107 Jornadas autobiográficas: o caminho das artes
110 Expressões da vida: a experiência com o barro

122 **Algumas contribuições das pesquisas biográficas**
122 Histórias de vida e humanização
128 A roda da vida

132 **Referências**

Este ensaio-experiência foi gestado dentro de mim, que venho de uma linhagem de mulheres e homens que atravessaram oceanos e continentes atrás dos seus destinos; ancestrais que constituem minhas raízes e dizem muito da minha identidade; identidade que eu, por minha vez, transmiti aos meus descendentes, que, de uma ou outra forma, a perpetuam nas suas vidas.

A cada uma delas e cada um deles – mesmo aqueles(as) que não conheci – dedico esta obra, especialmente à minha bisavó e avó maternas, à minha avó paterna, à minha mãe, às minhas filhas, ao meu filho e às minhas netas.

À minha amiga-irmã de alma Raquel Wiener, que faz parte da minha biografia (*in memoriam*).

Agradecimentos

Esta jornada não estaria em curso sem a companhia e o apoio de tantas e tantos amores, afetos, amigas e amigos, companheiras e companheiros, e de muitos estudantes que aceitaram empreender junto comigo esta "viagem" e contribuíram para que esta cartografia tomasse corpo.

Agradeço muito especialmente a Luiza Christov, este ser humano especial e inspirador, além de querida amiga que a vida me presenteou, incentivadora e supervisora do meu pós-doutoramento, pelas longas conversas ao pé do ouvido, almoços, cafés, mensagens, trocas e encontros no coletivo Rodalíngua, por ela idealizado.

Agradeço a todas as mulheres que compõem o Coletivo de Estudos Biográficos, cujas histórias de vida se entrelaçam com a minha e as de tantos seres humanos com quem "convivemos". São elas: Ana Carolina Biagioni, Angela Pappiani, Bruna Conti, Elizabete Flory, Cristina Ramos, Daniela Macedo, Danila Fleury, Elisa Schuler, Gisele Pires Milani, Glaucia Fernandez, Helena Segnini, Isabela Meirelles Tavares, Jacqueline Nara Assis, Laizane Oliveira, Luisa Nagashima, Marcia Covelo, Mariana Molinari, Marina Moraes, Priscila Aoki, Raquel Silva, Simone Viana e Teresa Ferrara.

Agradeço às convidadas e convidados que compartilharam relatos das suas vidas conosco: à pediatra Sandra Souza, à educadora e amiga Luiza Lameirão, à Luiza Christov, ao músico Gabriel Levy e ao poeta André Gravatá.

À educadora e ceramista Sirlene Giannotti por abrir de forma tão generosa as portas do seu Ateliê Tapir. E muito especialmente ao arquiteto e empreendedor social Rodrigo Rubido, que abriu seu coração e compartilhou suas memórias de forma tão generosa e genuína.

Aos meus estudantes que vêm compartilhando memórias de infância e de vida desde os anos 1980, nos cursos, grupos de estudos, coletivos e pós-graduações.

Às pesquisadoras, pesquisadores e parceiras(os) do grupo Rodalíngua, que tenho a honra de integrar, com os quais convivo e troco tantas experiências-conhecimentos-abraços e afetos.

Às mais novas recém-chegadas nas Jornadas Autobiográficas, Andrea Nogueira, Danila Fleury, Erika Abreu Soares, Poliana Savegnago, Queli Arantes e Vitória Jacob, pela sua entrega e confiança no compartilhar memórias e afetos de suas vidas.

À Pâmela Mifano, que a vida colocou na minha estrada e que há décadas me acolhe e me toma pelas mãos para fazer esta travessia que é a vida, me encorajando a ir às profundezas de mim mesma...

À minha querida Josca Baroukh, amiga-parceira de tantas trocas, cursos, confidências e cumplicidades, pela leitura cuidadosa, pelas sugestões e por estar sempre presente.

À minha filha e antropóloga Andrea Rozenbaum, que enveredou no universo da antropologia e com quem agora troco também muitas ideias, estudos e a vida. Obrigada por sua leitura preliminar e sugestões.

À querida Elizabete Flory, parceira de tantas ideias e fios afetivos que nos conectam, pela leitura preliminar cuidadosa, pelos apontamentos e sugestões.

Aos meus mestres e mestras, tantos! Sempre! Obrigada por tanta inspiração!

A todos os autores, autoras, poetas, artistas, homens e mulheres que inspiraram e alimentaram esta caminhada a partir de relatos das suas vidas, através das autobiografias e memórias, e aos biógrafos que fazem chegar até nós histórias de vida que motivam esta jornada.

PREFÁCIO

Eis que Adriana Friedmann entrega mais um livro a este mundo, tão necessitado de palavras que nos conduzam a nós mesmos. Essa é a beleza maior deste livro: falar de encontros com o que somos, com o que temos a dizer sobre o que somos. Falar de sentidos que inventamos sobre o que nos constitui, sobre o que herdamos, sobre o que queremos deixar como herança.

A experiência de linguagem que oportuniza nossas elaborações de sentidos sobre o que vivemos é a mais preciosa condição para vermos a nós mesmos como seres de pensamento, de fala, de escrita, de invenção de mundos. Paulo Freire insistia nessa ideia, e o que as ditaduras acabam em primeiro lugar é com nossa condição de falar, de aprender a pensar coletivamente, de valorizar nossas histórias e entrar em contato com nossas memórias para nos reconhecer em nossas culturas e em nossos velhos.

A pesquisa com a qual se ocupa Adriana e seus grupos – porque ela tem muitos – tem a força de dar a ver a importância da memória, da história, das imagens e dos valores que colaboram para a composição do que somos.

E sua pesquisa evidencia que nunca estamos sós, nunca isolados, nunca desvinculados de objetos, de gestos, de conflitos, de entrelaçamentos, de perdas, de conquistas, de presenças.

Sua pesquisa ilumina o autoconhecimento como reconhecimento da não solidão. Evidencia o autoconhecimento como visibilidade de nossas vinculações. E permite fazer as pazes com o que nos forma e que nem valorizávamos tanto assim. E por que interessa ao educador esse encontro consigo mesmo? Esse exercício de rememorar narrando sua trajetória?

Em primeiro lugar, porque o educador é esse ser que se coloca em escuta, que tem o diálogo como compromisso, e esse movimento de acolher o outro exige o movimento de acolher a si mesmo. Exige o movimento de pensar quem sou eu no encontro com o outro. Exige o movimento de reconhecer as marcas culturais e sociais que o compõe para reconhecer as marcas culturais e sociais que compõem cada um dos estudantes presentes para o diálogo.

A pesquisa de Adriana é em si um exercício de escuta. Tem em si uma pedagogia da escuta por meio da qual a pesquisadora se oferece como abraço que recebe cada narrativa autobiográfica como se fora única.

Como precisamos dessa recepção! Como os educadores, em sua luta diária em condições adversas, precisam dessa recepção de sua palavra, de sua busca de sentidos.

A pesquisa materializada neste livro é um incentivo e uma referência para o exercício da escuta e para o exercício de narrar a si, reconhecendo-se como parte de um grande mundo que começa em cada um de nós.

Obrigada, Adriana.

Luiza Helena Christov

APRESENTAÇÃO

O presente ensaio, resultado de muitos anos em que me debrucei no estudo de biografias e pesquisas biográficas junto aos meus estudantes de cursos de pós-graduação, cursos livres, grupos de estudos e, mais recentemente, na minha pesquisa de pós-doutorado, constitui uma jornada – inacabada, sempre em processo – realizada por meio de incursões em biografias, autobiografias e histórias de vida, em diálogo com pensadores de várias áreas do conhecimento. Esta jornada que nos aproxima da dimensão da complexidade que é o ser humano. O ensaio apresenta, também, percursos poéticos e imagéticos junto a citações de autores e poetas, imagens e materialidades que têm sido fonte de inspiração para algumas das marcas indiciárias da minha própria jornada autobiográfica, bem como das de tantas e tantos estudantes que participam dos meus cursos e grupos de estudos, parceira(o)s nessa caminhada.

A obra entrelaça reflexões, ideias e pensamentos com poesias, obras de arte, canções, imagens, fotografias, depoimentos e trechos da minha própria história de vida. Algumas das epígrafes e citações que iniciam e coroam os capítulos são metáforas cujas origens multiculturais também me constituem, me acompanham e inspiram minha jornada. Cada um(a) desses(as) autores(as), artistas e poetas tem me atravessado e afetado em algum momento da vida: elas e eles expressam muito das minhas raízes, contribuindo para o sentido de ser dessa jornada investigativa e do trabalho coletivo que faço com biografias e autobiografias.

O estudo das biografias e das memórias dos seres humanos é ponto de partida da jornada empreendida na pesquisa aqui apresentada, no caminho da compreensão das identidades, dos comportamentos e das trajetórias dos sujeitos. Pesquisas das origens e raízes multiculturais – individuais e coletivas – apontam para a possibilidade de aprofundamento e conhecimento da complexidade humana e dos grupos culturais; permitem reconhecer que somos constituídos por diversidade de influências, tendências, crenças, rituais, costumes e referências que nos tornam singulares e múltiplos – e convidam a adentrar esse complexo e fascinante universo que é o ser humano.

O presente ensaio visa identificar aproximações indiciárias sobre relações entre subjetivação[1] e experiências de culturas diversas, bem como contribuir com reflexões epistemológicas e ensaios interpretativos, colocando em diálogo biografias, autobiografias e histórias de vida de diferentes pessoas. O livro tece reflexões dialogadas com pensadores e teóricos das áreas de antropologia, artes, sociologia, filosofia, ética e psicologia, e das várias linguagens expressivas.

---

1 Subjetivação refere-se ao processo de formação da subjetividade. Por exemplo, a vida social, a aquisição da linguagem, a escolarização, as escolhas filosóficas ou profissionais são exemplos de como a subjetivação vai consolidando uma subjetividade. Enquanto a subjetividade é um estado, a subjetivação é um processo.

As referências centrais para a abordagem do tema de interesse – conhecer e desvelar biografias, autobiografias e histórias de vida – foram encontradas nas obras de Edgar Morin, Jorge Larrosa, Carl Gustav Jung, James Hillman, Norman Denzin e Carlo Ginzburg. Para a compreensão das relações contextuais/culturais que marcam e são marcadas por subjetividades, os procedimentos incluíram levantamento de narrativas autobiográficas e estudos biográficos e bibliográficos. Narrativas biográficas, fontes das pesquisas empreendidas pelo Grupo de Estudos Biográficos (do qual falarei adiante), compõem também o substrato das reflexões aqui tecidas. Esta obra é voltada para professoras(es), educadoras(es), gestoras(es) educacionais, pesquisadoras(es), estudiosas(os) e ativistas das áreas de educação, antropologia, cultura e arte-educação, uma vez que partimos da ideia de que não é possível escutar crianças e jovens e conhecê-las(os) se não criamos processos de escuta da nossa própria história, da nossa jornada individual e coletiva, enfim, das nossas próprias vidas. Nesse sentido, ela é uma contribuição para a formação de pesquisadoras(es) e educadoras(es), na perspectiva de identificar, a partir destas ideias, fatores que potencializam mobilizações para ações educacionais, culturais e artísticas planejadas em territórios diversos, em prol de mudanças de pontos de vista éticos e metodológicos nos processos de vida e formação.

No capítulo "Histórias de vida entrelaçadas", você encontrará a origem das inquietações que me levaram a me aprofundar nas pesquisas biográficas, assim como um panorama da importância que têm as histórias de vida, as biografias e as autobiografias.

O capítulo "Os estudos biográficos" apresenta os diversos pensadores das áreas de antropologia, educação, filosofia, psicologia e sociologia que considero referências para este tema. Mostro com minúcias o pensamento e as proposições dos autores que se debruçaram sobre os estudos biográficos e que têm pautado esta jornada.

O capítulo "A entrevista individual: um estudo de caso" traz uma entrevista como estudo de caso; em seguida, há uma leitura dela baseada nas premissas dos pensadores levantadas no capítulo anterior. Detalham-se também os *insights* e aprendizagens a partir do relato de vida e do depoimento do entrevistado.

O capítulo "Trilhas das histórias de vida" traz reflexões sobre o papel da arte, em suas mais diversas manifestações, enquanto linguagem expressiva, enquanto caminho, necessidade e possibilidade de manifestar quem somos. O capítulo apresenta desde experiências individuais até propostas coletivas em prol de jornadas de expressão e autoconhecimento.

O capítulo "Algumas contribuições das pesquisas biográficas" chama a atenção para a importância da presente investigação como uma aproximação a fatores que podem mobilizar ações educacionais planejadas, para a construção de subsídios nas áreas de formação de profissionais e humanistas, e como contribuição para o campo das ciências sociais, dos estudos de histórias de vida, das pesquisas biográficas e autobiográficas.

Assim, convido você, leitor(a), a se aventurar, a recuperar recortes de sua vida, memórias de sua infância, e a relacioná--los com seu momento atual. Até onde sua história de vida trouxe você? Que indícios e que pistas já apareciam em sua infância e prenunciavam o ser humano que você se tornou?

HISTÓRIAS DE VIDA ENTRELAÇADAS

> *O meu pai era paulista*
> *Meu avô, pernambucano*
> *O meu bisavô, mineiro*
> *Meu tataravô, baiano*
> *Meu maestro soberano*
> *Foi Antônio Brasileiro*
> *[...]*
> *Vou na estrada há muitos anos*
> *Sou um artista brasileiro.*
>
> Chico Buarque (1993)

Nos anos 1980, saí do meu país de nascimento – Uruguai – e migrei para o Brasil, terra que adotei como minha pátria de alma, o lugar onde me senti, desde que aqui cheguei, convocada para o compromisso de arregaçar as mangas e me debruçar para contribuir com a formação e a transformação – dentro das minhas possibilidades – da educação e da realidade social de crianças, jovens e adultos. Esse caminho foi trilhado a partir da interlocução com educadoras(es) e outros profissionais comprometidos com as infâncias, com a justiça social e com a vida!

Saí do meu país em plena época de ditadura, embora aqui ela também estivesse em curso. Tive o privilégio de viver o período histórico da redemocratização brasileira, de exercer até hoje o direito ao voto, de participar e contribuir com empenho – desde o meu lugar e com tantas e tantos parceiros, ativistas, movimentos e coletivos – para a construção de uma sociedade mais justa e equitativa, no caminho da conquista dos direitos humanos.

Desde o início, me deparei com os caldos multiculturais brasileiros, que fui conhecendo e incorporando dia a dia, por meio da língua, da música, da convivência, do conhecimento, da dança, das artes, das amizades, das leituras, de tantas trocas. Essa cultura me encantou e me conquistou, me convidou a caminhar de mãos dadas com a diversidade de seres humanos de tantas diferentes origens, formações, realidades sociais e múltiplos propósitos.

No decorrer da minha formação e da minha jornada pessoal e profissional, me comprometi cada vez mais a trabalhar pelos direitos humanos, pelo respeito às vidas das crianças e de todo e qualquer indivíduo, de forma direta ou indireta – por meio de escritos, livros, artigos, palestras, cursos, eventos e pesquisas –, criando e participando de inúmeras redes e coletivos, sempre no estado de escuta e diálogo. Fui assim descobrindo o riquíssimo repertório em que cada um(a) e todos(as) nós estamos inseridos(as).

Criei minhas duas filhas e meu filho para serem cidadãos do mundo, acreditando e ensaiando semear em suas existências – por meio da nossa convivência, nos nossos cotidianos e no compartilhar da vida com outras crianças, adultos, famílias e coletivos – um berço de justiça, respeito e cultura de paz.

Mas a roda da vida gira... E hoje minhas filhas e netas moram em outro país e convivem com outras culturas e outros saberes. Assim, constato, a cada dia, que embora sejamos influenciados(as) a cada etapa da nossa jornada pela cultura local, pelo lugar onde moramos, os legados que recebemos da nossa família de origem e de nossos ancestrais viajam e permanecem conosco, seja lá para onde formos.

Minhas avós, bisavós, avôs e bisavôs nasceram na Ucrânia, na Polônia, na Romênia, na Hungria, e, fugindo da guerra, migraram para o Uruguai no início do século passado, pátria de nascimento dos meus pais e minha. Assim como eu migrei para o Brasil na década de 1980, minhas irmãs e meu irmão também migraram para outros países, onde, por sua vez, nasceram seus filhos.

Minhas filhas e filho têm raízes uruguaias, polonesas, argentinas, indígenas, russas, romenas, húngaras, ucranianas; minhas netas nasceram na Holanda e têm também raízes brasileiras, africanas, negras, portuguesas, italianas, polonesas, russas. "Somos todos filhos, netos e bisnetos de imigrantes", como diz o cantor e compositor uruguaio Jorge Drexler[2] na canção "Movimiento" (2017), afirmando que todos nós temos raízes multigeracionais, origens diversas, e estamos sempre em deslocamento: este, um dos temas inspiradores para o desenvolvimento da presente investigação. A letra de sua canção declara essa riqueza:

---

2 Jorge Drexler (1964) é *cantautor*/músico uruguaio. Suas músicas e letras têm raízes no seu país de origem: candombe, murga, milonga, tango, samba, bossa nova, pop, jazz, entre outros. Atualmente, mora na Espanha e viaja o mundo levando seu repertório.

Apenas nos pusimos en dos pies
Y vivimos en la sombra de la hoguera
Escuchamos la voz del desafío
Siempre miramos al río, pensando en la otra rivera.
Somos una espécie en viaje
No tenemos pertenencias sino quipaje
Nunca estamos quietos, somos trashumantes,
Somos padres, hijos, nietos y bisnietos de inmigrantes
Es más mío lo que sueño que lo que toco.
Yo no soy de aquí, pero tú tampoco
Yo no soy de aquí, pero tú tampoco
De ningún lado del todo y de todos
Lados un poco[3]
(DREXLER, 2017)

Primeiras pistas

As histórias de vida e as narrativas autobiográficas dizem tanto de cada ser humano! Às vezes, são contadas por um terceiro. Então, acrescentam-se à história o ponto de vista e o recorte do autor. Outras vezes, é o próprio protagonista que conta sua história. Mas, claro, ele também faz seus recortes. Nunca iremos conhecer e compreender o ser humano nas suas mais profundas emoções, vivências e

---

[3] "Assim que ficamos em dois pés/ e vivemos à sombra da fogueira/ escutamos a voz do desafio/ sempre olhamos para o rio, pensando na outra margem./ Somos uma espécie em viagem/ não temos pertences, mas bagagem/ Nunca estamos quietos, somos nômades,/ somos pais, filhos, netos e bisnetos de imigrantes/ É mais meu o que sonho que o que toco./ Eu não sou daqui, mas você também não/ Eu não sou daqui, mas você também não/ De nenhum lugar totalmente, de todos/ os lugares um pouco" (Tradução livre).

contradições haja vista a imensa complexidade que somos todos nós! (FRIEDMANN, 2020, p. 25)

Ao falarmos em família, não nos referimos unicamente à família biológica, mas a quaisquer núcleos familiares nos quais cada um(a) cresce, se desenvolve e com quem convive. Mães, pais, avós e avôs, irmãs e irmãos, tias e tios, primas e primos, o pequeno e primevo coletivo familiar, constituem as primeiras referências que temos como seres humanos. Muitas vezes, esse núcleo se amplia e outras figuras passam a ter papel protagonista: madrinhas, padrinhos, mães e pais adotivas(os) ou mães e pais de destino, adultos de referência. Essas composições familiares e coletivas influenciam profundamente cada sujeito já desde o início da sua vida.

Os primeiros anos de vida constituem um período no qual aparecem indícios, em cada ser humano, das suas potências, personalidade, tendências, preferências, modos de ser, de se vincular, de viver. Cada um(a) vai desvelando essas características e experimentando "ser", no decorrer da sua existência, por meio dos vínculos e das trocas com os outros e com o mundo. São as experiências que norteiam os sujeitos – a partir das descobertas, da imitação, do faz de conta, da convivência, do ouvir histórias – rumo a compreenderem a vida, a cultura, as relações e o lugar que cada um ocupa no seu território, no seu entorno social.

Desvelar significa mostrar(-se) retirando o véu que cobre algo, descobrir(-se). Em Platão, a verdade (*aletheia*) significa desvelamento do ser, descobrimento daquilo que estava oculto, a retirada do véu. Para Heidegger, o desvelamento do ser é a manifestação da verdade do ente que consegue se desprender das preocupações do cotidiano.

O desvelamento e o velamento têm a ver com verdade, vida, morte, luz, trevas. "Não será este o nosso itinerário, o itinerário e travessia poética de Édipo, do homem? A nossa travessia?" (HEIDEGGER *apud* CASTRO, 2005, p. 27). Na tragédia de Édipo, ele não viu os caminhos do seu destino. Mas olhar não é ver. E foi quando ele arrancou os seus olhos que passou a ver na luz da verdade os caminhos e descaminhos do seu destino. Olhar diz respeito aos sentidos, mas ver se relaciona com a essência, o desvelamento da verdade. Independentemente do lugar, da cultura onde nascem, ao entrarem na escola, no coletivo, as crianças começam a conviver com outras crianças e adultos. É quando se coloca, para cada ser humano, um desafio imenso: os encontros com outros(as) que têm, ao mesmo tempo, suas experiências únicas e seus singulares repertórios familiares. São encontros multiculturais, encontros nos quais se aprende, se dialoga, se convive, se trocam, com outros sujeitos que trazem repertórios e bagagens singulares, diferentes dos nossos conhecidos, valores, histórias, costumes, crenças, brincadeiras, músicas, rituais, comidas, sonhos etc. É muito enriquecedor conhecer essa diversidade singular, que é absolutamente influenciada e influenciável.

Quando uma criança chega à escola, depara-se com expectativas pontuais: os educadores têm, entre seus propósitos, de adaptar cada uma delas, muitas vezes, "modelá-las" para que se integrem àquela comunidade, àquela escola, àquela cultura, àquele território. Adaptar é bem diferente de acolher: quando acolhemos, respeitamos as crianças nas suas singularidades, acolhemos suas emoções, seus jeitos de ser, seus sentimentos, suas preferências, potências e limitações. Ao acolhermos desde cedo cada criança, com sua vida, sua história, suas heranças culturais e suas singularidades, estamos acolhendo diversidades e cultivando o respeito, o olhar e o cuidado com cada uma no seu jeito único de ser – honrando seus ancestrais, suas raízes, seus repertórios. Como nos ensina nosso mestre Paulo Freire, a comunhão entre pessoas, povos e nações, o que ele chama de "substantividade democrática" (FREIRE; BETTO, 2000, p. 64), exige acolhimento, respeito aos saberes e autonomia dos indivíduos. Essa atitude precisa ser semeada e alimentada desde os primeiros anos de vida de quaisquer crianças.

Esta é uma questão que me inquieta desde que me (re)conheço como educadora: as crianças são adaptadas em cada coletivo escolar, mas nem sempre são aceitas do jeito como são ou integradas naquele espaço acolhendo-se seus repertórios e histórias de vida familiares. Aos poucos, nas experiências de convivência coletiva, elas começam a se afastar – cada vez mais – da sua essência, das suas raízes, para se adequarem a um modelo de ensino e de sociedade que nem sempre conversa com os valores e as culturas de origem. Dessa constatação deriva todo o movimento que tenho impulsionado – nos meus cursos, aulas, escritos e pesquisas – em prol da escuta, do conhecimento e do reconhecimento de cada criança e de cada ser humano com suas peculiaridades.

Não podemos deixar de apontar aqui o quanto nossas sociedades – no mundo todo – estão gravemente adoentadas, não somente física, mas também mental e emocionalmente: pessoas sofrendo de depressão, Transtorno de Déficit de Atenção com Hiperatividade (TDAH), bipolaridade, hiperatividade, excesso de estímulos, estresse, pressão pela luta cotidiana para sobreviver, distúrbios de sono, de alimentação, desequilíbrios físicos, emocionais e mentais, hiperexposição às telas; pessoas sofrendo violências e discriminações de todas as ordens, doméstica, urbana, de gênero, de raça, violências físicas, psicológicas, sexuais, econômicas, entre outras. Todo esse quadro se agravou durante e após o período da pandemia de covid-19. Apesar de termos tantas informações e avanços das ciências à disposição, vivemos um momento da humanidade em que grande parte das pessoas tem perdido o rumo. Estamos sendo desafiados, cotidianamente, a cuidar da nossa saúde física, mental e emocional, e da saúde daqueles ao nosso redor.

No caminho do cuidado e da prevenção desse grave panorama, defendo como fundamental olhar com atenção, delicadeza e respeito para cada ser humano, já desde sua chegada ao mundo. É premente colocar as crianças como prioridade em quaisquer contextos, para conhecê-las, acolhê-las e, desde cedo, identificar indícios e tendências, potências e influências culturais em suas vidas. Mas os adultos – pais, cuidadores, responsáveis –, para poderem se abrir a esta escuta-conhecimento, precisam, antes de mais nada, mergulhar eles mesmos em processos de autoconhecimento.

Estas constatações e inquietações, que me acompanham há mais de quatro décadas, me impulsionaram a criar – nos cursos de formação e grupos de estudos que ofereço – espaços de escuta e de fala, espaços de pesquisa e de escrita de si; espaços em que convido estudantes – adultos, educadores, empreendedores, antropólogos, comunicadores, profissionais das áreas de pedagogia, saúde, economia, direito, urbanismo, política, mães, pais e outros interessados nos universos das infâncias – a empreenderem jornadas de autoconhecimento e a olharem para as próprias raízes e para a própria história em um reencontro com sua identidade.

Um convite desses já diz muito e anuncia como será esse tipo de encontro, de trabalho, esse tipo de curso, que, muito mais do que uma formação na qual unicamente se transmitem conhecimentos, constitui possibilidades de trocar e aprender com as histórias de vida dos(as) outros(as). As propostas acontecem sempre no coletivo, mas, paralelamente, mantenho com cada participante interlocuções individuais: justamente porque cada pessoa tem um processo particular, uma estrada, uma jornada única. Um dos desafios dessas propostas consiste em identificar e escolher entre uma diversidade de caminhos expressivos para narrar essas histórias de vida, para si e/ou para o mundo.

Em alguns dos cursos e grupos de estudos em que a temática central são as crianças e suas infâncias, o principal objetivo da proposta investigativa é incentivar e sensibilizar as(os) participantes para a importância de escutá-las. Estou cada vez mais convicta de que não é possível escutar outro ser humano, não é possível escutar crianças e conhecê-las, se não criarmos processos de escuta da nossa própria história, da nossa jornada individual e coletiva, enfim, das nossas próprias vidas. Portanto, entendo ser fundamental que cada adulto olhe e se conecte com sua própria infância.

Para podermos compreender as crianças, escutá-las, observá-las, estar sensíveis para os lugares-territórios-experiências que não estão registrados em nenhum livro – mas que constituem espaços internos de cada uma –, é necessário nos voltarmos para nosso mundo interior, que, em geral, recuperamos a partir de imagens, memórias, sonhos, nem sempre de forma consciente. Imagens e emoções podem aparecer em uma experiência, em um sonho, em um *déjà-vu*, em algum episódio das nossas vidas que parece se repetir.

O conceito de imagem – do latim *imago* – refere-se à figura, representação, semelhança ou aparência de algo. Envolve tanto o conceito de imagem adquirida como aquela gerada pelo ser humano. Entre inúmeros outros significados, imagem é a representação de uma pessoa. Identifico-me com a conceituação de Carl Jung, para quem todas as percepções que chegam ao eu chegam como imagens. A imagem, para Jung, é a condição do pensamento consciente, possuindo um conteúdo representacional específico radicado no inconsciente, que só pode ser reconhecido pela psique, justamente, por meio da imagem que o representa (RAFFAELLI, 2002).

Acontece de evocarmos memórias próprias quando escutamos histórias de vida que outro ser humano conta, relata, narra: experiências que evocam em quem as lê, em quem as escuta, em quem as observa, suas próprias imagens, recortes, lembranças. Pode até tratar-se de memórias ancestrais, epifanias,[4] que não necessariamente sabemos de onde vêm; mas claramente essas lembranças são importantes porque nos remetem a um lugar básico, a um lugar almado,

---

4 Epifania significa, em sentido figurado, manifestação intuitiva da realidade, geralmente através de uma situação inesperada. Percepção do significado essencial de alguma coisa.

a um lugar-tempo em que ocorreu uma experiência que, muitas vezes, habita nosso inconsciente e que pode, se estivermos atentos, vir à tona em nossa consciência. É quando, então, aparecem indícios que podem servir de norte para dizer de e sobre cada um(a).

Segundo o *Dicionário de filosofia*,[5] o termo memória vem do latim *mnemo*, que significa a capacidade de guardar ou adquirir ideias, imagens e conhecimentos; a capacidade de fixar, reter, evocar e reconhecer impressões ou acontecimentos passados. O filósofo coreano radicado na Alemanha Byung-Chul Han aponta que "memorizar se chama em francês – *apprendre par coeur*. Apenas a repetição alcança manifestamente o coração" (HAN, 2021, p. 19-20). A memória não é apenas recordar, mas uma das formas fundamentais da existência humana, a relação do sujeito com o tempo.

Na mitologia grega, Mnemosine é a deusa grega da memória, filha de Gaia (a Terra) e Urano (o Céu). Era a mãe das Musas, entidades que permitiam aos poetas lembrarem o passado. O mito diz que os mortos que bebessem da água do seu poço relembrariam suas vidas. Mnemosine é a deusa que opera as engrenagens do esquecimento e da lembrança e é associada às nascentes, tanto no mundo subterrâneo quanto no mundo superior.

Lembrar palavras, histórias e imagens e guardá-las na memória significa que elas nos afetaram de alguma forma. Há memórias individuais e memórias coletivas. As memórias individuais estão nas histórias de vida, nas biografias.

---

5 In: DICIONÁRIO DE FILOSOFIA. Disponível em: https://sites.google.com/view/sbgdicionariodefilosofia/mem%C3%B3ria. Acesso em: 14 out. 2022.

As memórias individuais são, também, memórias coletivas que vêm de lembranças compartilhadas nos grupos sociais, constituindo um caldo de culturas, identidades e ideologias. Todas essas memórias convivem entre si e representam nossos valores e os dos membros da nossa família. A memória é uma construção social que reforça identidades individuais e coletivas.

No caso das crianças, esses indícios, emoções, imagens do inconsciente que elas manifestam, na maior parte dos casos não são vistos, escutados, observados, percebidos ou aceitos pelos adultos em torno delas e, muitas vezes, mesmo que o sejam, não são considerados relevantes, como mensagens ou potências de algo que está ali, latente, possível de ser desvendado e de florescer.

Esses acontecimentos ocorrem na vida de qualquer pessoa, mas, à medida que a sociedade vai modelando, avaliando, classificando, julgando e não aceitando essa grande diversidade, o diferente, o singular, muitas dessas crianças, já desde sua tenra infância, vão abafando, guardando, somatizando suas potências. Assim, tais tendências dão lugar, muitas vezes, a doenças físicas, psíquicas ou mentais, a problemas de estabelecimento de vínculos ou trazem à tona sérias questões emocionais e de perda da identidade.

Quando vistos, conscientizados e sensibilizados pelos adultos – mães, pais, educadores ou cuidadores –, esses indícios podem vir à luz e ser aprofundados. Essas pistas podem aparecer de forma não verbal e serem expressas conforme as oportunidades, tempos e espaços oferecidos para tal ou conforme a sensibilidade e os olhares que os adultos devotam a cada criança. Na maioria das vezes, tais sinais aparecem de forma espontânea quando as crianças usufruem de tempos e espaços para viverem suas infâncias de forma significativa e integrada, no que eu chamo de entretempos e entrelugares. Os entretempos são aqueles tempos não planejados, não dirigidos, nos quais as crianças ficam mais autônomas, livres, e em que comportamentos espontâneos e genuínos podem brotar. No ambiente escolar, por exemplo, os entrelugares são espaços de passagem – como a entrada da escola, o percurso nos corredores entre as salas, os banheiros, o refeitório e outros ambientes – que são ocupados nos intervalos entre uma e outra atividade, aula ou tarefa. São também os trajetos a pé, de transporte coletivo ou de carro.

Os sinais que aparecem nessas situações podem ter a ver com um dom – artístico, musical, corporal, o dom da palavra – ou com alguma conexão espiritual. Podem estar ligados ao corpo, ao movimento, ao comportamento ou temperamento de cada criança. Tantas são as formas como o ser humano os mostra no decorrer da sua infância e da sua existência! Mas como nós, adultos, olhamos para essas questões e manifestações, como elas acontecem na vida de cada pessoa?

Importa compreender as mudanças que desde sempre pautam o ser humano para entender não somente o momento vivido por uma criança, por um jovem, por um adulto, como também as consequências presentes e as possibilidades futuras a partir das experiências que cada um(a) vivenciou no passado.

A ideia de experiência atravessa a presente obra, assim como nossas vidas. Experiência vem do latim *experiri*: que tem relação com algo que se prova e tem também a ver com perigo e com a ideia de travessia, como tão bem coloca o filósofo e educador espanhol Jorge Larrosa:

> Em nossas línguas há uma bela palavra que tem esse *per* grego de travessia: a palavra "peiratês", pirata. O sujeito da experiência tem algo desse ser fascinante que se expõe atravessando um espaço indeterminado e perigoso, pondo-se nele à prova e buscando nele sua oportunidade, sua ocasião. A palavra experiência tem o *ex* de exterior, de estrangeiro, de exílio, de estranho, e também o *ex* de existência. (LARROSA, 2002, p. 25)

A socióloga e antropóloga suíça Marie-Christine Josso (2009, p. 137) afirma que "todas as experiências são vivências, mas nem todas as vivências tornam-se experiências": as vivências são "o tecido do nosso cotidiano", mas nem sempre ficam na memória. A noção de experiência é fundamental para o processo da pesquisa que aqui apresento, motivo pelo qual, mais adiante, irei aprofundá-la.

Desta forma, a partir dos questionamentos, inquietações e constatações levantados, a seguir, abro espaço para refletirmos e compreendermos, juntas e juntos, a importância dos estudos biográficos, as possibilidades de caminhos e linguagens expressivas nas histórias de vida de cada um(a), e para imergirmos em processos de autoconhecimento e (re)conhecimento de outros seres humanos.

OS ESTUDOS BIOGRÁFICOS

> *Siempre que se hace una historia*
> *Se habla de un viejo, de un niño o de sí*
> *Pero mi historia es difícil*
> *No voy a hablarles de un hombre común*
> *Haré la historia de un ser de otro mundo*
> *De un animal de galáxia...*[6]
>
> Silvio Rodríguez[7] (1978)

Estado da arte dos estudos biográficos

A biografia é um relato não ficcional de uma série de eventos que constituem a vida (ou parte dela) de uma pessoa, a escritura de vida de outrem. O biográfico tornou-se um espaço de pesquisa transdisciplinar nas ciências humanas e sociais, com raízes históricas e culturais diver-

---

6 "Sempre que se faz uma história/ Fala-se de um velho, de uma criança ou de si mesmo/ Mas minha história é difícil/ Não vou falar de um homem comum/ Farei a história de um ser de outro mundo/ De um animal da galáxia" (Tradução livre).
7 Silvio Rodríguez é um *cantautor* cubano contemporâneo, poeta que compõe e canta sobre temas universais, mobilizando e conscientizando sobre a sociedade e seus valores.

sas. Na presente obra, trago também a autobiografia, que é a escrita da própria vida, cuja expressão e construção do sentido dependem unicamente do sujeito que narra e/ou escreve de si.

É importante distinguir aqui a diferença entre "escrita" e "escritura" a partir dos conceitos trabalhados por Lacan, Derrida e Barthes. Na escritura, uma nova forma de fazer escrita, haveria um toque sensível, um traço artístico, criativo, trazendo a possibilidade de novas linguagens para a construção de histórias. A escrita é mais rígida, destacando-se seu teor linguístico, e fala sobre algo ou alguém.

O sociólogo francês Daniel Bertaux (1939) contribui com o campo trazendo o conceito de relatos de vida, entendidos como um desdobramento narrativo, seja oral, seja escrito ou por outros meios – como cinema, vídeo etc. –, para descrever um fragmento de experiência vivida por um ser humano.

Junto às biografias, autobiografias e relatos de vida, inicia-se uma nova corrente: a das histórias de vida, que propõe construir sentido temporal a partir da experiência. Autobiografia, biografia, relato oral, depoimento oral, história de vida, história oral de vida, história oral temática, relato oral de vida e narrativas de formação são modalidades tipificadas da expressão polissêmica da história oral.

Nas pesquisas na área de educação, adota-se a expressão história de vida – mais especificamente o método autobiográfico e as narrativas de formação – como movimento de investigação-formação, tanto na formação inicial quanto na continuada de professores e professoras. Classificada ora como método, ora como técnica, e mesmo como método e técnica, a abordagem biográfica, também denominada história de vida, apresenta diferentes variações em face do contexto e do campo de utilização (SOUZA, 2007).

Toda essa diversidade de correntes indica a força do movimento biográfico e a complexidade da biodiversidade. "Que formas tomarão as novas divisões de poder-saber, sobre a vida, no curso de toda uma existência às voltas com as mudanças (passagens) interidades e intergeracionais?", questiona Pineau (2006, p. 341) a esse respeito.

Os estudos biográficos circunscrevem-se em contextos teóricos de epistemologias que contemplam conceitos como memória, subjetividade, identidade, e a relação entre sujeito e cultura. As histórias da cultura, da arte-educação, da formação de educadores e arte-educadores convidam à realização de levantamentos minuciosos sobre os sentidos produzidos por atores sociais que criam os cotidianos das práticas em diversos projetos.

Um dos desafios enfrentados refere-se à elaboração de conhecimentos a partir de narrativas singulares, mas que carregam em si a complexidade que atravessa a relação entre seres humanos e seus contextos de vida, seus contextos culturais. A narrativa é entendida aqui como a ação, o efeito ou o processo de narrar, relatar, expor um fato, um acontecimento, uma situação (real ou imaginária), por meio de palavras. As narrativas de vida são frutos de recortes, de pontos de vista, de representações criadas discursivamente. Narrar faz parte da essência humana e, nos últimos anos, tem havido um retorno à narrativa memorialística, com um notável crescimento na produção e difusão de diferentes tipos de história de cunho memorial ou testemunhal.

Outro interessante desafio é o de incentivar atores sociais a mergulharem em suas histórias de vida, recontarem e compartilharem suas biografias ou recortes delas. Alguns caminhos para tal, como os que serão aqui propostos, consistem em estudos coletivos; conhecimento de biografias para reconhecimento da própria autobiografia/história de vida; e, em algumas situações, relato oral ou escrito, a escrita de si. É importante ressaltar que a escrita não é só um ofício de escritores, nem um dom exclusivo de alguns. Nesse sentido, Rilke declara em seu texto "Viver e escrever no cio":

> De fato, a vivência artística está tão inacreditavelmente próxima da vivência sexual, de sua dor e de seu prazer, que os dois fenômenos na verdade constituem apenas formas diversas de um mesmo anseio e de uma mesma ventura. [...] Sua força poética é intensa como um impulso primitivo, ela possui alguns ritmos próprios violentos e jorra como que de uma montanha. (RILKE, 2009, p. 20)

Conhecer biografias, conversar e trocar informações sobre elas e incentivar escritas autobiográficas junto a diferentes grupos, coletivos e comunidades é desafio urgente em um país que, no atual momento histórico, desvaloriza o conhecimento e cuja dominação discursiva impede exercícios de reflexão no cotidiano, sobre o cotidiano e sobre a necessidade de construção de consciência ética.

Não se pode esquecer que as pesquisas autobiográficas ou a construção de biografias como fontes de pesquisa situam-se em um paradigma epistemológico recente e controverso, segundo o qual a experiência social é compreendida como textos, e a interpretação, como esforço de sentido que se atribui ao vivido pessoal e socialmente.

Cito aqui alguns importantes porta-vozes das abordagens autobiográficas: o francês Gaston Pineau, professor de ciências da educação que desenvolveu uma teoria de formação permanente a partir das histórias de vida; o pedagogo suíço Pierre Dominicé, que aponta, na sua obra, para a importância da psicologia no campo da educação de adultos e o fato de as narrativas de vida ou textos biográficos mostrarem a relevância de um ensino personalizado; Marie-Christine Josso, socióloga e antropóloga suíça, que traz importante contribuição no âmbito da educação, desenvolvendo suas ideias e pesquisas sobre o valor das histórias de vida na formação de educadores.

O professor português António Nóvoa (1992) é um dos autores que trouxeram grande contribuição para a utilização da autobiografia nos processos de formação de professores, apontando para a necessidade de colocar luz sobre o desenvolvimento pessoal do professor, produzindo outro tipo de conhecimento científico, que foque mais no sujeito, aproximando-nos mais das suas realidades. É, justamente, a respeito da subjetividade que suas ideias passam a tomar frente nas pesquisas autobiográficas (BUENO, 2002).

Elizeu Clementino de Souza (2007), educador na Universidade Federal da Bahia (UFBA), faz interessante retrospectiva sobre o contexto teórico da pesquisa autobiográfica e chama a atenção para o fato de que ela se alinha aos métodos que indicam os limites da importação das ciências da natureza para compreender as ciências humanas. A complexidade se intensifica quando tratamos de estudos que se apoiam na memória, por esta ser uma experiência singular, atravessada, inclusive, pelo esquecimento e por recriações que cada sujeito elabora sobre sua própria história. A pesquisa autobiográfica enfrenta o desafio de se ater ao que é narrado, superando a vontade de encontrar a verdade fora do sujeito que narra.

Gudrun Burkhard (2000), médica antroposófica, criou no Brasil o método biográfico com base nas ideias de Rudolf Steiner, método por meio do qual se trabalha a autobiografia individual na forma de retrospectiva de vida, sobretudo nos âmbitos terapêuticos e empresariais. A educadora Sandra Eckschmidt (2011) contribui com uma interessante abordagem da utilização das narrativas autobiográficas no trabalho com professoras e professores, preocupada em compreender como essas narrativas podem ajudá-las(os) a ressignificar seu papel docente. A abordagem por ela proposta baseia-se na pedagogia Waldorf, criada por Rudolf Steiner, que dá grande importância às vivências

> de imagens consideradas arquetípicas do desenvolvimento humano. Estes conteúdos trazem ao professor a possibilidade de conhecer a si mesmo, lembrando que o processo de ensino e aprendizagem não é uma via de mão única. (ECKSCHMIDT, 2011, p. 32)

No intuito de contribuir com uma cartografia das abordagens autobiográficas, apresento adiante, de forma detalhada e analítica, alguns pensadores das ciências sociais que vêm contribuir com essa área de conhecimento, entre os quais destaco o sociólogo americano Norman Denzin (2011) e o historiador italiano Carlo Ginzburg (2006).

As complexas tramas da vida

Ao se pensar na constituição dos seres humanos, devemos levar em consideração importantes influências a que cada um(a) está submetido, para refletirmos sobre a complexa e imbricada trama que faz de cada sujeito ser quem ele é: sua herança genético-biológica; a influência multicultural familiar; a educação escolar; a influência do território-cultura em que cada um(a) cresce; a singularidade de cada um(a); a potência e as tendências de cada um(a). É preciso também levar em conta a personalidade, o perfil psicológico e o momento de vida de cada indivíduo, além de ser fundamental considerar que é na infância que tudo começa.

Com o intuito de elucidar e, talvez, desvelar o que é da natureza, da herança biológica de cada ser humano, o que cada um(a) herda dos seus pais, dos seus ancestrais, e o que é da cultura, o que cada um(a) aprende com seu entorno, coloca-se o desafio de aprofundar o conhecimento dos indivíduos. Cada sujeito tem formas de pensar, sentir e agir singulares, independentemente do contexto e da sociedade em que está inserido.

Estas são questões éticas, filosóficas e políticas, objeto de estudos de várias áreas das ciências humanas, debate em que a antropologia, a sociologia, a psicologia e a biologia apontam para as complexidades da natureza humana. Para todas as ciências humanas, há um consenso: a natureza humana é um fato, o que inclui sua diversidade.

Outro fator a ser levado em conta é a influência que a cultura tem na vida de cada ser humano: cada um nasce, cresce e se desenvolve em ambientes e contextos diversos, nos e dos quais recebe e vivencia valores, costumes, convive com rituais, não somente do núcleo familiar primário, mas também aqueles herdados de avôs e avós maternos, paternos, de bisavôs e bisavós e da cultura ancestral de toda sua árvore genealógica. Quando chega ao mundo, e mesmo já no ventre materno, uma criança é influenciada por um universo de saberes que terão grande incidência em sua constituição e na construção de sua identidade.

Os vínculos e relações que estabelecemos no decorrer do nosso caminho são essenciais para o indivíduo ser e viver: a família, amigas(os), parceiras(os), companheiras(os) e pares, e tantos outros seres humanos com quem nos relacionamos. Todas e todos exercem grande influência na nossa identidade e em nossos processos de transformação e de aprender a ser e a viver. Amigas(os) são, afinal, aquelas(es) que escolhemos – ou por quem fomos escolhidas(os) – para caminharmos juntas(os) em vários momentos da nossa trajetória, aquelas(es) com quem trocamos acontecimentos, experiências, sentimentos, emoções e segredos.

Os laços que criamos durante a vida constituem exercícios permanentes – com erros e acertos cotidianos – do vir a ser de cada um(a), da busca contínua da nossa identidade, da nossa autenticidade, do validar nossos valores, encontrar nossa(s) tribo(s), legitimar nossa missão e nosso papel e lugar no mundo, o sentido das nossas vidas, das nossas lutas, das nossas crenças: o desafio de aprender a amar de todas as formas que o amor nos provoca.

Há mais uma camada a ser desvelada, que tem a ver com as habilidades, as potências do ser humano, com seus canais expressivos, suas linguagens. Que linguagens são essas? Embora nossa tendência seja falar de linguagem e reduzi-la unicamente à verbal, desde que as crianças nascem e durante um bom tempo, elas não falam, não adquiriram ainda essa habilidade. Vão aprendendo, aos poucos, a compreender e decifrar a fala dos cuidadores e adultos ao seu redor. Simultaneamente, existe um arcabouço de linguagens não verbais que se manifestam por meio de toques, olhares, silêncios, da música; por meio de imagens, corpos, gestos, movimentos; por meio das linguagens das artes e dos sons, em suas mais diversas manifestações.

As crianças imitam e se expressam por meio dessas linguagens não verbais, sobretudo no início de suas vidas, por meio de sorrisos; do choro; das expressões da dor; de reações as mais diversas; da aceitação ou não dos outros; da escolha de alimentos da sua preferência; das manifestações de conforto ou desconforto; de movimentos corporais e dos seus gestos; das suas produções. Expressam suas realidades, emoções e sentimentos com base em uma ou outra linguagem.

As crianças chegam ao mundo com uma bagagem própria e vão construindo repertórios. Vão encontrando caminhos, formas, brechas e oportunidades para se expressarem. Essas linguagens não verbais acompanharão cada ser humano pela vida afora. Porém, elas são, muitas vezes, ignoradas, menosprezadas e deixadas para trás pelos adultos – mães, pais, cuidadores e educadores com quem as crianças convivem.

Aqueles adultos que convivem com crianças no dia a dia têm todo tipo de influência sobre elas. Essas influências têm a ver com os valores de cada ser humano, grupo social, família, sociedade, cultura, enfim, da comunidade em que estão inseridas. Pouca atenção se dá às linguagens não verbais – como anteriormente descrito –, já que, sobretudo, as culturas ocidentais priorizam a palavra: nós adultos temos urgência de ensinar às crianças o que falamos, a compreenderem e aprenderem nossas línguas e linguagens verbais, pois entendemos, como sociedade, que dessa forma elas terão acesso aos conhecimentos universais por meio da leitura, da palavra e da escrita.

Temos pouco acesso ou pouca consciência do vasto universo e significado das linguagens não verbais fundamentais, básicas e primevas. Porém, para compreender o ser humano em sua complexidade de forma mais profunda, precisamos aprender a ler e interpretar essas linguagens não verbais, ler nas entrelinhas, o não dito, os silêncios, o que fica invisibilizado. Há uma profundidade nessas manifestações e decifrá-las constitui grande desafio para todas e todos nós.

Nossa sociedade costuma olhar para as crises pessoais, emocionais e físicas como problemas. Interessante e surpreendente é olhar para elas pelo avesso: como ocasiões, como janelas de oportunidades, e, também, desconstruir a ideia romântica de infâncias idealizadas, segundo a qual as crianças são (ou deveriam ser) felizes. No mundo real, todo ser humano sofre traumas, vivencia situações de crise, passa por diferentes tipos de frustração, desarranjos físicos, corporais, doenças que dizem muito da sua psique, das suas emoções. Estas são, pois, situações importantes, no sentido de não fragmentar, não desconectar, o que seja do biológico, do físico, do psíquico, do emocional e do mental.

Assim é como cada ser humano inicia sua jornada. Tomo emprestadas as palavras de Manoel de Barros como inspiração:

> Chegou por vezes de alcançar o sotaque das origens. Se admirava de como um grilo sozinho, um só pequeno grilo, podia desmontar os silêncios de uma noite!
> Eu vivi antigamente com Sócrates, Platão, Aristóteles – esse pessoal. Eles falavam nas aulas: Quem se aproxima das origens se renova. (BARROS, 2010, p. 109)

Sementes de sabedoria: inspirações

Herdei da minha avó materna, nascida na década de 1920 na Ucrânia,[8] uma família de bonecas *matrioskas*.[9] O ritual dos almoços familiares de domingo em sua casa ainda reverbera no meu coração e na minha memória afetiva. O cheiro das comidas – muitas das quais aprendi a preparar com ela, ensinei às minhas filhas e preparo ainda –, seu perfume e o calor do seu colo continuam vivos e ressoam dentro da minha alma e do meu coração.

---

[8] Naquela época, a Ucrânia fazia parte da União das Repúblicas Socialistas Soviéticas (URSS), com a Rússia, a Bielorrússia e a Transcaucásia.

[9] As bonecas *matrioskas* apareceram pela primeira vez na década de 1890, e sua denominação – Matrioska ou Matryoshka – deriva do nome feminino russo Matriona. A primeira delas apareceu em 1898 em Moscou, na oficina de educação infantil da família Mamontov, comerciantes e filantropos russos famosos. Associada à figura da mãe, a primeira boneca do primeiro conjunto de *matrioskas* retratava uma mulher russa com vestido e lenço, segurando um galo. Dentro dela havia outras bonecas, que representavam as filhas ou crianças camponesas.

Eu ficava encantada e viajava com a coleção que ela tinha de bonecas e bonecos do mundo todo. Me pergunto, às vezes, se não foram essas bonecas e bonecos e as histórias por trás delas(es) as primeiras sementes do meu interesse e fascínio pelas diferentes culturas, costumes e vidas humanas.

O estudo das biografias e das memórias humanas são pontos de partida essenciais para consolidar e compreender a personalidade, o comportamento e o destino dos seres humanos; para compreender como evoluímos, como nos constituímos e como, em alguns aspectos, ficamos estagnados ou regredimos como indivíduos e como sociedade. Sem as referências do passado, é difícil compreender e se aprofundar no presente e avançar para o futuro. As referências dizem respeito a pessoas e grupos que já viveram determinadas situações; que foram protagonistas e testemunhas da história da humanidade em tempos e épocas diferentes; antepassados dos quais herdamos raízes, línguas e culturas.

A investigação das origens e raízes multiculturais – individuais e coletivas – aponta para a possibilidade de se aprofundar e (re)conhecer a complexidade dos sujeitos e grupos. Uma diversidade de influências, tendências, crenças, rituais, costumes e referências nos compõe, nos torna únicos e múltiplos, e nos permite adentrar este universo complexo e fascinante que é o ser humano.

As manifestações culturais dos povos e sociedades revelam valores, crenças, músicas, histórias, contos, expressões artísticas, brincadeiras, danças, vestuários, formas de viver e de se alimentar, entre muitos outros aspectos. Todas essas manifestações fazem parte do patrimônio da humanidade e são transmitidas de uma geração para outra. O reconhecimento das várias narrativas de costumes de países e culturas diversas exerce grande impacto na constituição dos seres humanos e na forma como eles se reconhecem em seus diferentes grupos e comunidades.

Desde os primeiros anos de vida, as potencialidades latentes podem aparecer por meio de linguagens – expressões verbais e não verbais: narrativas artísticas, lúdicas, corporais, musicais, literárias, canais expressivos muitas vezes invisíveis ou não reconhecidos. Características herdadas pelo ser humano de seus ancestrais são, também, determinantes dos seus destinos. Dialogar, fazer um esforço para integrar essas áreas e empreender processos de autoconhecimento é, portanto, um grande desafio.

Um dos caminhos para avançar na compreensão da psique individual de qualquer ser humano é acessar o conhecimento de sua linhagem e da sociedade a que pertence. Biografias e referências sobre psicologia profunda, identidade, cultura, temperamentos e desenvolvimento humano servem de pano de fundo para a interpretação e a interlocução com as várias manifestações culturais pesquisadas.

Inspirada pela mitologia, pela poesia, pela literatura e por inúmeras histórias de vida, venho propor diálogos com diversos pensadores. No Grupo de Estudos Biográficos, criado por mim e iniciado em 2020, além das escolhas de biografias de interesse dos participantes do grupo e, sobretudo, a partir das pesquisas individuais das suas raízes multiculturais, dialogamos com pensadores das áreas de psicologia, antropologia, sociologia, filosofia, entre outros, que apresento a seguir. Caminhamos para o aprofundamento e entrelaçamento de várias vozes e linhas de pensamento.

Considero que as memórias de infância têm uma importância primordial no vir a ser de cada sujeito: é onde se encontram as raízes de vida de cada um, onde tudo começa. No entanto, essa fonte de inspiração, essa essência, essa potência única e singular de cada sujeito, muitas vezes congela, torna-se nebulosa e pode vir a perder-se no decorrer das nossas vidas. Esses primeiros indícios podem não ser reconhecidos ou acolhidos pelas pessoas, pelo ambiente, pelas instituições em que estamos inseridas(os), que acabam por torná-las(os) invisíveis e ignoram, muitas e muitas vezes, a semente, o verdadeiro ser de cada um(a).

Com base em muitos anos de processos de autoconhecimento, conexão profunda e de muitas aprendizagens na minha própria vida e trajetória, tive como algumas das minhas primeiras inspirações – porque a partir da minha própria experiência com elas – a referência e as concepções da psicologia profunda de Carl Gustav Jung (1982, 1999, 2013, 2016) sobre o inconsciente individual e coletivo, os arquétipos, a sombra, o *self*, os tipos psicológicos, os sonhos e suas mensagens.

Da mesma maneira, o psicoterapeuta cubano Rafael López-Pedraza me influenciou profundamente com algumas de suas reflexões sobre "ansiedade cultural" e sobre a aproximação às emoções. Ele aponta que o termo original grego para emoção é *páthos*, que foi traduzido para o latim como paixão. Entre todos os usos do termo "paixão", *páthos* é o que fala mais diretamente sobre "as emoções essenciais que fazem do ser humano o que ele é e que aparecem no campo da sua alma" (LÓPEZ-PEDRAZA, 2010, p. 14).

As ideias do psicoterapeuta junguiano americano James Hillman sempre me impactaram, entre as quais a do "fruto de carvalho", em seu livro *O código do ser* (2001). Nessa obra, ele traz à luz, com base em estudos biográficos de várias pessoas, o que denomina *daimon*, potência, essência, "semente do fruto de carvalho": ele exemplifica indícios que falam da subjetividade de cada ser humano. Hillman traz exemplos de manifestações que surgem no decorrer da infância, de fenômenos muitas vezes considerados comportamentos-problema nas regras sociais que regem cada grupo e de manifestações e comportamentos que apontam singularidades, tendências, potências. O autor reflete a respeito dos sinais, dos códigos que há por trás dessas manifestações, que podem revelar ou desvelar, em cada criança, preferências, habilidades, potências.

Nise da Silveira, psiquiatra brasileira, discípula de Carl Jung e pioneira no trabalho criativo junto a esquizofrênicos no Rio de Janeiro, trouxe importantes contribuições no que se refere à possibilidade de manifestação por meio das linguagens e expressões artísticas: ela oferecia aos seus pacientes a possibilidade de se expressarem de forma livre por meio do desenho, da modelagem, da pintura. As imagens que surgem a partir dessas manifestações mostram autorretratos da psique de cada ser humano. A autora afirma que, da psique "podem também emergir imagens [...] herdadas, imagens arquetípicas, ricas em arcaísmos e motivos mitológicos" (SILVEIRA, 1992, p. 82). Não importa se a linguagem da arte é expressa por alguém que não possui técnica alguma ou por um renomado e experiente artista, pois a "necessidade imperiosa inerente à psique leva o indivíduo a configurar suas visões, [...] seja em formas toscas ou belas" (SILVEIRA, 1992, p. 83). É a obra dessa brilhante, sensível e criativa mulher uma das que me incentivam a criar propostas e inspirar outros seres humanos a se expressarem criativamente.

O historiador italiano Carlo Ginzburg (2006) constituiu também fonte de inspiração para a presente pesquisa, sobretudo pela sua ideia de "paradigma indiciário", segundo o qual várias disciplinas "rastreiam" sinais, indícios, signos que remetem a algum evento. Ginzburg afirma que entre o conhecimento das ciências naturais e as formas criativas, como a literatura, os mitos e a poesia, há um paradigma – o modelo indiciário – que vai atrás de sinais. Ele compara o pesquisador com um "caçador" à cata de indícios. Para efeito do presente estudo, o paradigma indiciário proposto pelo autor interessa no sentido de compreender quais informações, rastros ou detalhes tidos como secundários nos relatos de vida de um ser humano podem guardar a chave para a interpretação de um contexto social.

Outra base essencial de referência é a proposta do sociólogo americano Norman Denzin (2017), especialista no estudo de biografias interpretativas. Ele ressalta o crescente aumento e interesse, nas últimas décadas, pelos métodos interpretativos nos estudos da cultura, das biografias e da vida humana coletiva. No cerne desse movimento, mostra-se que sociedades, culturas e expressões da experiência humana podem ser lidas como texto social. Antropólogos, sociólogos e outros pensadores têm apontado para a importância das interpretações de narrativas orais ou escritas e discutido métodos (auto)biográficos interpretativos, salientando que uma vida pode ser capturada e representada como um texto social.

A biografia interpretativa tem, como foco de pesquisa, as experiências biográficas. Esses estudos organizam-se em torno de eventos ou momentos significativos da vida dos sujeitos, tecidos por meio da multiplicidade de fios da vida de uma pessoa. Essas epifanias são vividas como dramas sociais, com começo, meio e fim, e representam rupturas na vida cotidiana. Tais estudos começam pelas memórias de infância, eventos que persistem e permanecem na história de cada um(a), espaço em que a biografia cruza com a história, a política e a cultura.

A autoetnografia interpretativa – que visa estudar as experiências pessoais e como elas importam para o estudo da vida cultural – traz importante contribuição à ideia de educação como prática da liberdade e da democracia, pois é "uma forma de atuar sobre o mundo para transformá-lo" (DENZIN, 2017, p. 82).

Das inúmeras obras e proposições de Paulo Freire, nosso educador pernambucano revolucionário, porque tão autêntico e sensível ao(à) outro(a), destacamos para esta jornada a importância atribuída por ele ao diálogo, que tem uma dimensão profunda e libertadora, sendo mesmo uma exigência existencial. O diálogo só pode acontecer em relações horizontais, com amorosidade e cuidado, na confiança de um(a) com o(a) outro(a). Funda-se no amor, na humildade e na fé no ser humano. Como afirma Freire,

> o homem existe no tempo. Está dentro. Está fora. Herda. Incorpora. Modifica. Porque não está preso a um tempo reduzido a um hoje permanente que o esmaga, emerge dele. Banha-se nele. Temporaliza-se. (FREIRE, 2014, p. 57)

A ideia de experiência é fundamental para entrelaçar os fios que unem a vida com a memória e com o tempo. É junto do educador e filósofo espanhol Jorge Larrosa que me inspiro para refletir sobre essas ideias. A experiência é "o que nos acontece", o que nos toca, afirma Larrosa. Ela é diferente da informação: "uma sociedade constituída sob o signo da informação é uma sociedade na qual a experiência é impossível" (LARROSA, 2002, p. 19). Nos tempos atuais, há excesso de opinião de quem quer que seja, e concordo com Larrosa quando afirma que "a obsessão pela opinião também anula nossas possibilidades de experiência, também faz com que nada nos aconteça" (LARROSA, 2002, p. 19).

Outra constatação do autor é a de que, por falta de tempo, a experiência está cada vez mais rara: há uma falta de conexão significativa entre os acontecimentos. E, ainda, a voracidade diante do consumo de informações faz com que não consigamos silenciar e impeçamos a memória de acontecer: fatores contrários à experiência. Nessas circunstâncias, o tempo torna-se cada vez mais escasso na vida como um todo; na educação especialmente: ao estarmos sempre correndo contra o tempo, não há espaço para a experiência acontecer. A experiência

> requer parar para pensar, parar para olhar, parar para escutar, pensar mais devagar, olhar mais devagar, e escutar mais devagar; parar para sentir, sentir mais devagar, demorar-se nos detalhes, suspender a opinião, suspender o juízo, suspender a vontade, suspender o automatismo da ação, cultivar a atenção e a delicadeza, abrir os olhos e os ouvidos, falar sobre o que nos acontece, aprender

a lentidão, escutar aos outros, cultivar a arte do encontro, calar muito, ter paciência e dar-se tempo e espaço. (LARROSA, 2002, p. 24)

A experiência tem como componente fundamental aquilo que todo e qualquer ser humano deveria ter no seu norte: a capacidade de formação e transformação. Larrosa fala também da experiência como paixão e do sujeito da experiência como sujeito de saber. Sobre isso, o autor afirma que o saber da experiência se dá na relação entre o conhecimento e a vida humana. No saber da experiência, o que importa é o sentido que cada ser humano dá à sua experiência de vida, à sua existência individual e coletiva. Assim, para cada sujeito, o saber da experiência é único, singular e importa.

> Não está, como o conhecimento científico, fora de nós, mas somente tem sentido no modo como configura uma personalidade, um caráter, uma sensibilidade ou, em definitivo, uma forma humana singular de estar no mundo, que é por sua vez uma ética (um modo de conduzir-se) e uma estética (um estilo). (LARROSA, 2002, p. 27)

O sociólogo e pensador francês Edgar Morin (2015) inspira o caminho da presente investigação ao falar da insuficiência do modo de conhecimento que nos faz separar aquilo que é, ao mesmo tempo, uno e diverso. Ele afirma que tudo o que parecia separado está conectado: a totalidade de tudo o que é humano. Uma das suas inúmeras afirmações – "Temos em nós toda a história do universo" – nos convoca a mudanças na forma de pensar do ser humano, procurando a complexidade da realidade. Outro importante conceito de Morin é o da complexidade:

> o pensamento capaz de reunir (complexus significa aquilo que é tecido conjuntamente), de contextualizar, de globalizar, mas, ao mesmo tempo, capaz de reconhecer o singular, o individual, o concreto. (MORIN; LE MOIGNE, 2000, p. 207)

A complexidade e a compreensão dos seres humanos têm sido fruto de estudos e pesquisas em inúmeras áreas de conhecimento: psicologia, antropologia, sociologia, pedagogia, neurociência, literatura, arte, saúde, entre outras. Cada uma delas tem elaborado construtos teóricos e práticas para elucidar aspectos que incidem na identidade, formação, evolução e desenvolvimento de cada indivíduo e dos diversos grupos humanos. Diante da necessidade de entendimento da complexidade da realidade, a fragmentação precisa ser superada em direção a um pensamento que religue e que produza compreensão.

A maneira pela qual os conhecimentos se multiplicam de forma exponencial ultrapassa nossa capacidade de nos apropriarmos deles. Como, então, confrontar, escolher e organizar conhecimentos de forma adequada, registrando-os e religando-os às incertezas? É o que questiona Edgard Morin, e é esse o desafio da complexidade.

No esforço de religação de saberes, e como anteriormente apontado, precisamos olhar para o ser humano de forma integral. Além de fatores biológico-genéticos herdados, todo ser humano é fortemente influenciado – no decorrer da infância e da adolescência – pelo núcleo familiar em que cresce, pela educação escolar que recebe e, no decorrer de toda sua vida, pelo contexto sociocultural em que vive.

Sobre o conceito de cultura, Edgar de Assis Carvalho é um dos nossos interlocutores. Ele compreende que, como

> patrimônio e expressão da práxis e das práticas culturais, a cultura é sempre instrumento de cidadania democrática agenciado e, por vezes, recalcado em todas as esferas da vida. As dualidades entre erudito e popular, erudito e massificado, científico e literário, não possuem qualquer caráter ontológico. Cultura é o conjunto sócio-histórico universal dos saberes e fazeres gerados pelo pensamento humano [...] O código constitutivo desse conjunto de saberes, afirma Edgar Morin, "é de natureza simultaneamente cognitiva e estética". (CARVALHO, 2017, p. 105-106)

A compreensão da psique individual de qualquer ser humano só pode se completar com o conhecimento da sociedade à qual pertence. Roberto Gambini (2000) chama nossa atenção para a existência de uma "alma brasileira", a essência que nos faz ser quem somos e sobre a qual se constrói uma identidade coletiva. Assim também ocorre em qualquer outro país e cultura.

As ideias do antropólogo contemporâneo inglês Tim Ingold e do sociólogo e antropólogo francês David Le Breton também tiveram algumas interlocuções com estes estudos. No Grupo de Estudos Biográficos, David Le Breton (2016) nos instigou a iniciar uma leitura coletiva de seu livro *Antropologia dos sentidos* e, com ele, mais uma vez, aprendemos a importância de alargarmos nossos olhares, pois ele aponta o mundo como uma "floresta de indícios". Tim Ingold (2000) trouxe provocações no diálogo da antropologia com a educação por meio de sua obra *Antropologia e/como educação*.

Da minha parte, como educadora e antropóloga, tenho feito o esforço de levar o ponto de vista e o olhar da antropologia para o âmbito da educação e da formação, para ampliar e aprofundar o trabalho dos educadores com crianças, jovens e adultos: superar visões unilaterais para integrar e considerar os contextos culturais e diversos que compõem os repertórios de vida dos estudantes.

Nas jornadas de estudos biográficos, dialogamos também com o filósofo, educador e fundador da antroposofia, o austríaco Rudolf Steiner, e com a médica alemã-brasileira Gudrun Burkhard (2000), cujas ideias nos guiaram no caminho do conhecimento da biografia humana na perspectiva da ciência espiritual. A partir de estudos de algumas das suas obras, convidei as participantes do Grupo de Estudos Biográficos a realizar alguns exercícios autobiográficos, com vistas à compreensão das características dos setênios nas suas próprias vidas.

Desde a Antiguidade, divide-se a vida em setênios – períodos de sete anos a partir do nascimento do ser humano. Os chineses e os gregos foram os primeiros a observar que as mudanças biológicas e espirituais ocorriam de sete em sete anos na vida das pessoas. Rudolf Steiner se inspirou nos setênios para criar a sua teoria. A cada sete anos – um pouco antes, um pouco depois – acontecem transições e crises: a primeira, aos sete anos, é a transição da criança do jardim para a escola; a dos catorze anos, da infância para a adolescência; a da juventude para a idade adulta, por volta dos 21 anos; por volta dos 28 anos acontece de o adulto se libertar do seu passado; por volta dos 35, o adulto está à procura de si mesmo; e, aos 42 anos, o adulto está mais seguro de si. Por volta dos 49 anos, há um portal que leva da competência para a sabedoria; no 56º ano de vida, o indivíduo está na plenitude da vida em direção à velhice; aos 63, o ser humano pode compartilhar com outros os "rumos" da vida, devolver aos mais jovens um pouco do que recebeu. A partir dessa idade, o indivíduo torna-se mais livre.

No biográfico – como foi chamada a metodologia do processo autobiográfico criado por Gudrun Burkhard –, há a possibilidade de fazer espelhamentos entre os acontecimentos dos setênios ao longo da vida: nos anos iniciais, aparecem indícios e *insights* que ampliam e podem dar sentido a eventos significativos nos anos e setênios posteriores.

Nesse leque de interlocutores, o filósofo e sociólogo Maurice Halbwachs (2013) é responsável por inaugurar o campo de estudos sobre a memória nas ciências sociais. Ele cria a categoria "memória coletiva", que indica que as memórias individuais não podem coexistir isoladas de um grupo social. Halbwachs – que inspirou o maravilhoso trabalho *Memória e sociedade: lembranças de velhos* da socióloga brasileira Ecléa Bosi (1994) – afirma que a memória é um trabalho de reconstrução que não pode ser lido de forma linear. Assim, como o indivíduo está inserido em uma comunidade ou grupo social, sua memória é tanto individual quanto coletiva, pois as lembranças precisam de uma comunidade afetiva.

Poetizando meus mestres:

Ao longo da minha vida tive muitos(as) mestres,
Cada um(a) com sua sabedoria.
E desde diversos lugares,
Aprendi a "escutá-los(as)"
E a me reconhecer
Nos seus ensinamentos.
Mestres-pensadores
Mestres-poetas
Mestres-espirituais
Mestres-estudantes
Mestres-terapeutas
Mestres-músicos
Mestres-artistas
Mestres-corpo
Mestres-família.

Grandes saberes
Aprendi com as crianças.
No dia a dia com minhas filhas, filho e netas,
Mestres!

Com muitos e muitas convivi
Tantos os que não conheci!
Elas e eles me constituem
Elas e eles me inspiram
Por elas e eles
Estou nesta trilha!

Tecer a vida

Diante do desafio de "tecer a vida", apresento, nesta trajetória, propostas de conhecimento de biografias, autobiografias, mini-histórias, escritos, narrativas diversas, inúmeras expressões artísticas, de diferentes pessoas, em diferentes épocas.

Percebo que, à medida que vamos conhecendo histórias de vida, descobrimos que cada uma tem sua singularidade e vamos compreendendo que, muitas vezes, episódios ou recortes de histórias que ocorreram em contextos diversos, em outras culturas, em outras geografias e em outros momentos históricos, se repetem. É nesse sentido que parto da ideia de arquétipo como base para minhas colocações: na concepção de Carl Gustav Jung (2013), os arquétipos são protótipos, imagens primordiais do inconsciente coletivo, comuns a toda a humanidade desde os tempos mais remotos, sendo encontrados em muitas formas e evidenciáveis particularmente nos contos de fadas, nos mitos e lendas de um povo, na religião, na arte ou no imaginário individual. São as chamadas imagens primordiais, imagens que se manifestam na psique e que apresentam conteúdos arcaicos, originando-se de constantes repetições de uma mesma experiência durante muitas gerações.

Ao tomarmos contato com histórias de vida, podemos encontrar alguns aspectos com os quais nos identificamos, que nos tocam, nos atravessam, que compreendemos e nos surpreendem, que nos impactam ou nos comovem: talvez um *déjà-vu*. Algumas dessas narrativas podem gerar compaixão em quem as lê, em quem as escuta, e oferecer-nos outra dimensão, tanto das nossas próprias vidas quanto das de outros seres humanos. Reconhecer a capacidade de resiliência, coragem e resistência perante os dramas e sofrimentos da vida de outros(as) nos dá uma dimensão da nossa pequenez e nos torna mais humanos(as) e compassivos(as).

Como nos conectamos com as vidas de outros seres humanos? Com a nossa família, amigas e amigos convivemos e compartilhamos histórias, eventos, acontecimentos; porém, em uma mesma família, talvez a mesma situação seja vivenciada, sentida, lida ou compreendida de formas diferentes pelos seus membros. É provável que o jeito de cada um(a) contar os fatos e, sobretudo, as emoções vividas, seja diferente. Nascemos e crescemos em um grupo familiar em que os mesmos valores, as mesmas conversas, situações comuns, são vivenciados, porém, para cada um(a), o impacto, a memória de tais eventos, é único, diferente.

Há aqueles que se debruçaram, escreveram a respeito da vida de um(a) outro(a), criaram biografias. Outros(as) compartilham suas escritas autobiográficas, uma forma de trazer acontecimentos e reflexões sobre eventos das suas próprias vidas. Outros(as) escrevem seus próprios diários que se tornam conhecidos, em alguns casos, quando a pessoa em questão ainda está viva ou, muitas vezes, após sua morte. A troca de cartas entre pessoas revela também muito do que acontece ou aconteceu com elas, suas realidades, suas emoções, seus pensamentos, seus vínculos, seus dramas, suas conquistas, seus amores etc. E tantos outros seres humanos conseguem expressar, por meio da arte (nas suas mais variadas manifestações), momentos e emoções das suas vidas, enquanto outros os registram a partir de fotografias ou gravando vídeos. Mas nem todos compartilham esses registros e muitos os guardam para si.

Na jornada de (re)conhecer a vida de outros seres humanos e a nossa própria, podemos identificar que há uma dimensão psicológico-comportamental: encontramos —

ou procuramos –, na vida de outras pessoas, pontos de contato, fios que nos conectam, que nos tornam empáticos e compassivos com os(as) outros(as), que talvez nos consolem. Muitas vezes, esses pontos nos fazem mudar a própria dimensão do que vivemos: tiram-nos de um lugar onde acreditamos ser o centro do mundo para a possibilidade de navegar por outros mares, aventurar-nos por outras geografias existenciais e conhecer, então, outras vidas. E, sobretudo, calçarmos os sapatos dos(as) outros(as): nos colocarmos no lugar, na pele, do(a) outro(a).

Há também uma dimensão que diz respeito às sincronicidades. A sincronicidade designa, segundo Jung, a coincidência, no tempo, de dois ou mais acontecimentos não relacionados causalmente, mas que têm significação idêntica ou similar. Cabe nos perguntarmos: como e por que escolhemos conhecer, ir atrás da história de vida de uma ou de outra pessoa? É uma escolha que nasce do nosso coração, da nossa cabeça, da nossa vontade? Ou é aquela história de vida específica que vem ao nosso encontro? Não há explicação racional. Ao nos depararmos com esta ou aquela história de vida, talvez consigamos compreender por que esse encontro foi importante e nos mobilizou.

Outra dimensão a ser considerada diz respeito ao universo antropológico. Ao adentrar grupos, coletivos, diversas culturas; ao conhecer e reconhecer que, além da nossa herança, além do nosso comportamento, além das escolhas que, em um primeiro momento, nossas mães, pais ou cuidadores fazem por ou para nós; além da nossa trajetória individual, da nossa educação; convivemos inicialmente no seio de uma família nuclear onde existe uma árvore genealógica que fala muito da influência multicultural que cada um(a) recebe e que expressa os valores, os costumes, os rituais, as crenças, os segredos, o tipo de alimentação, as brincadeiras, as canções, as histórias que se compartilham, que se contam e se transmitem.

É interessante perceber que nossas mães têm uma origem sociocultural específica; nossos pais, outra; assim como toda a cadeia dos nossos ancestrais. Todas e todos somos influenciadas(os) pelas nossas origens, países, culturas, geografias e grupos sociais nos quais nascemos e que nos constituem e perfazem os seres humanos em que nos transformamos. Cria-se, então, uma linha de pesquisa interessantíssima, que pode abrir, para qualquer ser humano, um leque de conhecimentos das suas próprias raízes, da sua linhagem, ao mesmo tempo que amplia horizontes, aprofunda o conhecimento da complexidade humana.

Considero este um universo de investigação fascinante, que pode vir a desvelar, ao menos em parte, por que determinado ser humano tem esta ou aquela tendência, este ou aquele comportamento, este ou aquele gosto ou habilidade para música, dança, pintura, por exemplo; por que tem costumes, crenças religiosas, segue uma ou outra linha espiritual ou filosófica.

Para encerrar esse leque de reflexões, é importante frisar que venho desenvolvendo há várias décadas propostas de processos de autoconhecimento nos cursos, espaços e grupos de formação que coordeno, pois entendo que quem trabalha como educador(a), professor(a), gestor(a), mentor(a), liderança ou qualquer profissional que atua com seres humanos, crianças, jovens ou adultos, não pode se isentar de fazer esses mergulhos interiores.

Quando estamos em contato e abertos para conhecer outras vidas, outras realidades, é desejável – pois importante – trabalhar os próprios processos para reconhecer sentimentos, empatia e compaixão nos vínculos, sejam pessoais, seja por meio do contato com a história de vida de alguém. Assim, o que nos toca, o que nos comove, o que nos atravessa, pode mudar de uma hora para outra.

As propostas desses caminhos, desses processos de autoconhecimento, têm muito a ver com a ideia de pesquisar a própria árvore genealógica, de retomar e redescobrir indícios individuais que tenham sido apontados em algum momento e tendências, dons, habilidades, potências que talvez tenham sido deixados de lado, não desenvolvidos. Vale compreender que nunca é tarde para investir e retomar caminhos expressivos, canais para cada um(a) se expressar e se colocar no mundo: para expressar emoções, sentimentos, estados de ser, que muitas vezes não conseguimos colocar em palavras; pintar nossas emoções, cantá-las, dançar nosso momento, nossa alegria, nossa tristeza, nossa raiva, nossos medos... É possível expressar tudo isso por meio dessas inúmeras linguagens. Como diz Paulo Leminski (1987):

> isso de querer ser exatamente aquilo
> que a gente é ainda vai
> nos levar além.

Incursões nas investigações biográficas

Na minha trajetória pessoal, tenho sempre dialogado com pensadores, teóricos, poetas, artistas, com meus mestres, com meus estudantes, com minhas relações, a partir também da minha experiência de vida singular. Nesse sentido, inicio estas reflexões trazendo um trecho do poema "Um pouco sobre a alma", da poetisa polonesa Wislawa Szymborska (1923-2012), que muito me comove e cujas raízes se entrelaçam com as minhas:

> Às vezes temos uma alma.
>
> Ninguém a tem o tempo todo
> e para sempre.
>
> [...]
>
> Às vezes ela só se aninha
> por mais tempo
> nos enlevos e medos da infância.
> Às vezes só no espanto
> de estarmos velhos.
> (SZYMBORSKA, 2020, p. 241)

Na minha experiência como antropóloga, tenho me debruçado, no decorrer dos anos como formadora e pesquisadora, na realização de escutas de histórias de vida em grupos coletivos, no caminho de conhecer e compreender seus percursos biográficos. Minha experiência na escuta e na realização de conversas individuais, hoje propostas por alguns sociólogos que vêm enriquecer as ciências sociais com pesquisas biográficas, é mais recente.

Nesta caminhada, novas perspectivas e pensadores, que apresento a seguir, vieram complementar minha jornada com as pesquisas biográficas. Algumas importantes contribuições dizem respeito aos caminhos para o pesquisador se aproximar, iniciar e se posicionar junto ao seu interlocutor: os processos de leituras interpretativas de Gabriele Rosenthal – que aprofundam em pormenores, citações e histórias partilhadas pelos entrevistados –, a autoetnografia de Norman Denzin e o paradigma indiciário de Carlo Ginzburg constituem importantes contribuições para o aprofundamento nas pesquisas biográficas.

"O trajeto antropológico envolve perdas, ganhos, opções, utopias, distopias", afirma Edgard de Assis Carvalho (2017, p. 107). Não há, portanto, um receituário de procedimentos: há uma construção permanente nesse processo sócio-histórico que não acaba. Não há um modelo prescritivo para a vida, apenas guias.

Como antes relatado, no decorrer do processo das pesquisas, venho desenhando e descobrindo caminhos etnográficos para colocar em diálogo o arcabouço de conteúdos e referências que vão sendo elencados e estudados, tomando como ponto de partida depoimentos autobiográficos, elaboração de cartografias, seleção de biografias e/ou autobiografias para estudo e diversidade de narrativas e linguagens artístico-culturais.

Venho desenvolvendo diálogos entre as narrativas levantadas e os autores e autoras que inspiram esta proposição para ampliação e aprofundamento de olhares sobre a temática em questão. Aproximações indiciárias vêm apontando para pistas e episódios nas diversas histórias de vida estudadas e compartilhadas. Estas são as principais bússolas que me guiam, que compartilho a seguir.

Não pretendo propor receitas ou metodologias. Pelo contrário, o que quero partilhar é, mais uma vez, a constatação da complexidade dos seres humanos. Mesmo com tantas áreas de conhecimento olhando e tentando desvelar suas vidas, elas não dão conta, sozinhas, de elucidar as experiências da vida humana.

As pesquisas continuam, e o interesse pelo outro não se esgota. Essa é a maravilha e a motivação para continuar os mergulhos biográficos e autobiográficos. Porém, embora haja, sim, uma singularidade única na vida de cada indivíduo, há também evocação de arquétipos que apontam para enredos de vida que se repetem, embora com outros sujeitos e em épocas diferentes. Tais enredos apontam para a existência de padrões de comportamento em determinados personagens ou papéis sociais, personagens estes que possuem características percebidas de forma semelhante por todos os seres humanos. Como explicam Henz, Signor e Soares:

> Olhar as pessoas para além delas mesmas e ver em cada uma o potencial que elas próprias desconhecem, compreendendo-as em suas genteidades... [...] Ter um olhar aguçado e uma escuta sensível para com as pessoas em seus contextos existenciais, ouvir mais do que dizem suas palavras, entrar no universo em que vivem e constituem-se é [...] premissa para o entendimento da capacidade reflexiva-constitutiva dos seres humanos. (HENZ; SIGNOR; SOARES, 2021, p. 752)

Considero também importante falarmos sobre "os bastidores das pesquisas autobiográficas". A socióloga americana Kathy Davis (2018) me instiga ao sugerir a importância das leituras das entrelinhas dos depoimentos biográficos: não somente a partir do que é dito, mas também do que não é dito, mas que é expresso por meio de outras linguagens: gestos, olhares, silêncios, justificações, emoções, linguagem corporal etc.

Ela sugere que o(a) investigador(a) é sempre mais do que suas teorias, perspectivas e compromissos normativos: ele(a) tem também uma localização social, cultural e geopolítica particular, e tal situação tem consequências para o tipo de conhecimento produzido. Ou seja, estamos todos(as) implicados(as) no processo de escuta da história de vida de um(a) outro(a): o(a) pesquisador(a)-escutador(a) e o(a) entrevistado(a).

Nos caminhos possíveis para desvelar memórias e narrativas biográficas aqui apresentados, entendo que o mais importante não é interpretar as histórias que escutamos e que chegam até nós. Trata-se de sentir como essas histórias afetam cada um(a) que tem o privilégio de conhecê-las: como cada memória compartilhada de forma oral ou escrita nos atravessa; o que evoca em nosso interior e em nosso íntimo; que insights ou imagens surgem; como somos impactados(as); que imagens nos tocam e de que forma; que relações fazemos com nossa própria existência.

Imagens, memórias, de um(a) outro(a) têm a potência de evocar, em quem se conecta com elas, imagens e memórias próprias. Abrem a possibilidade de entrarmos em contato com o nosso coração, com a nossa alma, com quem somos, com os mistérios do nosso mundo interior. Só pelo fato de estarmos atentos às nossas emoções e aos sentimentos que afloram, a como reagimos a cada história de um(a) outro(a), já algo está se movendo dentro de nós, porque nos identificamos, nos colocamos no lugar, por despertar compaixão, empatia, compreensão, tristeza, raiva, entre tantas outras emoções e percepções.

Histórias de vida: Gabriele Rosenthal

A socióloga Gabriele Rosenthal (2002), importante pesquisadora alemã de referência na área, traz interessantes reflexões no que diz respeito a metodologias e formas de sistematizar o passo a passo de uma entrevista biográfica. Ela propõe algumas etapas quando se trata de analisar os depoimentos e histórias de vida:

- Análise de informações;
- Análise de texto e da temática;
- Reconstrução da história de vida;
- Microanálise de segmentos de texto individual;
- Comparação entre a história de vida e a estória contada pelo entrevistado;
- Desenvolvimento de tipos e comparações.

O que mais chama a minha atenção em sua proposta, mais do que os passos e/ou análises por ela apresentados, é a sugestão de que as interpretações realizadas em grupo pelos pesquisadores, após uma entrevista individual, oferecerem vantagens, uma vez que os cointérpretes, em sua maioria, não tiveram familiaridade com o(a) entrevistado(a), o que abre para a riqueza de diversas perspectivas e interpretações.

Identifico-me com essa proposição, já que, como antropóloga, entendo que – como sempre, aponto para meus estudantes – duas ou mais pessoas podem estar escutando ou observando as mesmas crianças ou adultos e cada um(a) deles(as) irá ter pontos de vista e percepções diversos sobre si.

Rosenthal afirma, também, que a autointerpretação do(a) entrevistado(a) é constituída a partir do seu presente, enquanto, por outro lado, como cientistas sociais, nos esforçamos em particular por reconstruir estruturas latentes de significado – com outras palavras, implicações a que o(a) entrevistado(a) não tem acesso.

A esse respeito, defendo uma postura ética dos(as) pesquisadores(as), atitude que passa não só por pedir autorização inicial aos(às) entrevistados(as) – sejam crianças, jovens ou adultos –, mas também por dar devolutivas após a entrevista e antes de qualquer publicação. A ética não deve ser restrita a comitês acadêmicos, mas fazer parte dos princípios básicos de todo(a) educador(a) e pesquisador(a), em qualquer contexto.

Gabriele Rosenthal aponta que a seleção autônoma de conteúdos do narrador baseia-se em um contexto de significados: a interpretação global do biógrafo. A história de vida narrada representa, assim, uma sequência de temas mutuamente inter-relacionados que, juntos, formam uma densa rede de histórias cruzadas interligadas.

A autora desenvolveu um conceito gestual-teórico-fenomenológico propondo uma inter-relação dialética entre experiência, memória e narração, e discute essa distinção como aquela que deve ser levada em conta em todas as biografias narradas e escritas. A abordagem metodológica da investigação biográfica descrita por Rosenthal visa recolher dados, conduzindo um curso narrativo de conversação que permita que as perspectivas e relevâncias pessoais do(a) entrevistado(a) se tornem aparentes e gerem textos que ajudem os(as) cientistas sociais a reconstruir a experiência. O procedimento de reconstruções de casos biográficos faz uma distinção rigorosa entre a perspectiva atual do(a) biografado(a) e suas perspectivas no passado.

Outra importante reflexão é a de que a comparação contrastiva entre história[10] de vida e estória[11] de vida ajuda-nos a traçar as regras que diferenciam o(a) narrador(a) do vivido por ele ou ela: a diferença entre a autoapresentação biográfica no momento da narração e a experiência no passado. Nesse processo, a preocupação geral da investigação biográfica é compreender os fenômenos sociais e psicológicos e explicá-los no contexto da sua criação, reprodução e transformação.

Nessa tradição, os fenômenos sobre os quais a questão da investigação se centra são examinados tanto da perspectiva do sujeito como do contexto global da sua vida e da estruturação dos seus processos. Isto torna possível descobrir as regras de estruturação latentes e implícitas. Deve-se salientar que a história de vida, a revisão interpretativa do passado e a forma de apresentação da história de vida são todas constituídas por meio do diálogo do indivíduo com o social. A investigação biográfica permite-nos reconstruir a inter-relação entre a experiência individual e o enquadramento coletivo. Assim, a investigação biográfica procura compreender as questões individuais nas histórias de vida e nas realidades sociais, ou a inter-relação entre sociedade e história de vida (ROSENTHAL, 2002).

A ideia de que o procedimento de reconstrução de casos biográficos faz uma distinção entre a perspectiva atual do biografado e suas perspectivas do passado constituiu para mim uma nova possibilidade de abordagem: diferenciar a narrativa

---

10 História é o conjunto de conhecimentos relativos ao passado da humanidade e sua evolução, segundo o lugar, a época, o ponto de vista escolhido.
11 Estória é uma narrativa de ficção popular ou tradicional. Essa grafia perdeu o uso na língua portuguesa.

da experiência. Considero a principal contribuição de Rosenthal a ideia de que a pesquisa biográfica permite reconstruir a inter-relação entre as experiências individuais e as coletivas.

A autoetnografia interpretativa: Norman Denzin

Em *Assumption of the method*, Denzin (2011) afirma que biografias e autobiografias são, por convenção, expressões narrativas de experiências de vida. As convenções que estruturam de que maneira as vidas são contadas e escritas compreendem as seguintes problemáticas pressuposições:

- A existência de outros;
- A influência e importância de gênero e classe;
- Os começos familiares;
- Pontos de virada textuais;
- Conhecer e saber sobre autores e observadores;
- Marcadores de vida objetivos;
- Pessoas reais com vidas reais;
- Experiências como pontos de virada;
- Testemunhos verdadeiros diferentemente das ficções.

Especificamente para o estudo de caso (entrevistas) – que descrevo no capítulo "A entrevista individual: um estudo de caso" –, destaco três formas que considero interessantes para trabalhar a partir das suposições sugeridas por Denzin na leitura de entrevistas individuais. A primeira forma é a reconstrução da estória, análise e microanálise. A segunda forma refere-se às características ocultas do presente que são reveladas, bem como a aspectos obscuros do passado, uma vez que se cria uma versão do passado, uma nova história. É isso que a autoetnografia interpretativa faz: captar as epifanias – eventos historiados de narrativas que reorganizam a cronologia em múltiplas e diferenciadoras formas e camadas de experiência significativa. As epifanias alteram as estruturas fundamentais de significado na vida de uma pessoa, captando momentos e experiências interacionais que deixam marcas em sua trajetória; são, em geral, momentos de crise. A terceira forma diz respeito à compreensão, do ponto de vista do(a) entrevistador(a), das suas percepções e emoções.

O paradigma indiciário: Carlo Ginzburg

Carlo Ginzburg (1992), um dos fundadores da micro-história, com a ideia de "aproximações indiciárias", propõe fazer um recorte em escala microscópica com vistas a desvendar o universo de uma sociedade, para além do(a) próprio(a) protagonista do estudo. As micro-histórias são possíveis a partir da atenção dada a indícios, pistas, sintomas, signos, símbolos, detalhes, dados marginais, às vezes imperceptíveis. Como diz Ginzburg, "pistas talvez infinitesimais permitem captar uma realidade mais profunda, de outra forma inatingível. Pistas: mais precisamente, sintomas [...], indícios [...], signos pictóricos" (GINZBURG, 1992, p. 150).

O paradigma indiciário tem como foco principal "examinar os pormenores mais negligenciáveis" para, assim, identificar, nos elementos mais imperceptíveis e triviais, indícios de questões amplas e profundas (GINZBURG, 2006, p. 144). Tal paradigma é comparado ao conhecimento médico, histórico, detetivesco (sinais, minúcias) e psicanalítico (resíduos do inconsciente); dialoga, ainda, com a semiologia, a filologia e a história da arte – campos de conhecimento que se voltam para detalhes (semânticos, léxicos, sígnicos, estéticos) aparentemente banais, mas reveladores de subjetividades, intenções, valores, sentidos e sintomas pouco ou não observados (GINZBURG, 2006).

No paradigma indiciário não existem regras preexistentes, mas elementos que o constituem, os quais descrevo a seguir. Na leitura/interpretação de narrativas, buscam-se indícios narrativos ligados à história de cada sujeito. Ginzburg defende a importância dos estudos de caso, por meio da atenção aos detalhes, ao periférico e ao aparentemente insignificante. São os seguintes elementos do paradigma indiciário:

a) *Do conhecido para o desconhecido*: a firasa ou "capacidade de passar imediatamente do conhecido para o desconhecido, na base de indícios" (GINZBURG, 1992, p. 179), aponta formas de discernimento. Na jornada do autoconhecimento, a firasa possibilita duvidar de si e de tudo o que nos acontece. O(a) pesquisador(a)[12] pode escutar e duvidar do que é narrado, questionar o que foi dito ou escrito, passar do conhecido até aquele momento para o desconhecido que se apresenta nas histórias contadas pelos sujeitos. É o desafio do desapego de ideias preconcebidas, dos preconceitos ou julgamentos, e a procura por pistas ou chaves que nos levem a interpretar uma vida.

---

12 Ao falar em pesquisador(a), refiro-me àquele(a) que escuta um(a) outro(a). Pode ser educador(a), professor(a), gestor(a), coordenador(a).

Implica compreender que "a história da humanidade não se desenvolve no campo das ideias, mas sim no mundo sublunar em que os indivíduos, de modo irreversível, nascem, infligem sofrimento ou são a ele submetidos e morrem" (GINZBURG, 2006, p. 32).

b) *Elementos imponderáveis*: o acaso, as sensações, o faro, as formas de olhar e a intuição. Um primeiro elemento imponderável é o acaso. Quem lê ou escuta um(a) outro(a) não tem como controlar acontecimentos. Sensações e associações feitas pelo(a) pesquisador(a) constituem indícios: "guiar pelo acaso e pela curiosidade, e não por uma estratégia consciente" (GINZBURG, 1992, p. 12). O faro, a intuição e a forma de olhar o outro também são imponderáveis ligados aos sentidos do(a) pesquisador(a), ao seu inconsciente e às experiências; ajudam a perceber, nas narrativas, indícios para compreender melhor cada sujeito. Eles podem indicar caminhos para interpretar as narrativas. A percepção dos indícios não basta por si só; o golpe de vista, ou seja, a maneira de enxergá-los, também é um elemento imponderável para o(a) pesquisador(a).

c) *Elementos estruturais*: cada sujeito tem palavras e frases preferidas. Estar atento à frequência do aparecimento dessas palavras e frases pode auxiliar o(a) pesquisador(a) em sua investigação. Ginzburg aponta que, a partir da frequência com que aparecem perguntas e respostas em uma biografia, autobiografia ou narrativa oral ou escrita, podem ser percebidos indícios sobre cada ser humano. É interessante observar os momentos de interrupção no decorrer da fala – indícios como medo, receio, angústia, desejo de se explicar –, bem como a etimologia. O autor salienta a importância de observar as geografias (espaços) e os tempos nas narrativas: o que permanece, o que muda e o que não depende do tempo. As relações entre presente, passado e futuro se revelam como indícios.

d) *A postura do(a) pesquisador(a)*: o ponto de vista de quem narra é importante indício. Pode até acontecer que a narrativa do sujeito e a leitura/interpretação do(a) pesquisador(a) coincidam; mas certo distanciamento é importante para discriminar o que é do narrador e o que é dele(a). Ginzburg sugere que o olhar do(a) pesquisador(a) precisa ser atravessado por vários pontos de vista: o cronológico, o espacial/geográfico, o cultural, o etimológico e o temático. Este último pode mostrar indícios das repetições em diferentes momentos da vida do sujeito.

e) *A proximidade e a distância*: são elementos importantes na busca de indícios. A proximidade e a familiaridade podem ser importantes para ajudar o(a) pesquisador(a) a identificar indícios. Excesso de distância cria indiferença e "a ausência de empatia como desumanização"; proximidade excessiva pode "desencadear a compaixão ou uma rivalidade aniquiladora" (GINZBURG, 2006, p. 203). Além da distância espacial, existe a distância temporal. Uma distância justa, crítica, cria estranhamento: modo de atingir as coisas e de "libertar-se de ideias e representações falsas"

(GINZBURG, 2006, p. 34). O estranhamento é uma tentativa de apresentar as coisas como se vistas pela primeira vez: não se trata de emitir juízos de valor. O estranhamento cria, também, ausência de empatia, mas como distância crítica: "'O mundo todo é a nossa casa' não quer dizer que tudo seja igual; quer dizer que todos nos sentimos estrangeiros em relação a alguma coisa e a alguém" (GINZBURG, 2006, p. 11).

f) *Elementos isomorfos*: Ginzburg utiliza o conceito de isomorfismo – relação de semelhança entre uma e outra coisa – no sentido mais de semelhança do que de igualdade. Analisar narrativas pressupõe entender que o(a) narrador(a) se configura como sujeito social que interage com os outros e é interdependente desses. Os isomorfismos podem ser indícios identificados a partir da linguagem verbal ou das linguagens não verbais.

g) *Elementos imagéticos*: imagens, como documentos não verbais, também possibilitam que histórias sejam contadas: expressões plásticas, iconográficas, desenhos, esculturas etc. são testemunhos figurativos e podem ser usados como fontes. Para ser interpretada, qualquer imagem precisa considerar o contexto em que foi produzida. Nas entrevistas/conversas que geram narrativas, as imagens estão em movimento: expressões, sentimentos, sensações, gestos não expressos em linguagem verbal podem apontar indícios, e associações visuais podem contradizer o que é dito e/ou o que é escutado. Em caso de gravação/filmagem das entrevistas, ao ouvi-las ou assisti-las, podem ser apreendidas expressões que passaram despercebidas: sorrisos, olhares, emoções, movimentos corporais, gestos, posturas, silêncios etc.

Considero que os pensamentos dos(as) autores(as) apresentados neste capítulo, sobretudo os três últimos que descrevo com mais detalhes, são importantes referências na contribuição aos estudos e pesquisas biográficas e autobiográficas.

A ENTREVISTA INDIVIDUAL: UM ESTUDO DE CASO

> *A lembrança necessita de uma comunidade afetiva, cuja construção se dá mediante o convívio social que os indivíduos estabelecem com outras pessoas ou grupos sociais, a lembrança individual é então baseada nas lembranças dos grupos nos quais esses indivíduos estiveram inseridos. Desse modo, a constituição da memória de um indivíduo resulta da combinação das memórias dos diferentes grupos nos quais está inserido e consequentemente é influenciada por eles, como, por exemplo, a família, a escola, igreja, grupo de amigos ou no ambiente de trabalho. Nessa ótica, o indivíduo participa de dois tipos de memória, a individual e a coletiva.*
>
> Maurice Halbwachs (2013, p. 2)

Motivada pelas proposições apontadas no capítulo anterior de sociólogos(as) que trabalham com entrevistas/biografias individuais, realizei uma entrevista com Rodrigo Rubido. Arquiteto, cofundador do Instituto Elos,[13] a experiência dessa conversa foi muito interessante. É essencial dizer que, embora já o conhecesse profissionalmente, os

---

13 Saiba mais em: https://institutoelos.com.br. Acesso em: 13 out. 2022.

apontamentos sugeridos por Rosenthal, Denzin e Ginzburg permitiram-me avançar em uma abordagem mais pessoal e profunda. A pergunta que me motivou a convidá-lo para falar sobre sua história de vida, sua biografia, foi: quem é o ser humano por trás desse líder e profissional inspirador?

A escolha do Rodrigo veio prontamente ao meu coração e teve também a ver com o fato de considerá-lo um líder e agente inspirador de transformação social de comunidades carentes, tanto no Brasil quanto em outros países. Sem dúvida, ele ter aceitado participar dessa conversa de forma imediata mostrou-me sua vontade e interesse em olhar para sua própria biografia.

Diário de campo: anotações

Sobre meu entrevistado

Rodrigo Rubido é um jovem arquiteto e ativista social, de 47 anos, nascido na cidade de Santos (SP), onde reside atualmente. Desde jovem, iniciou um trabalho como mobilizador e líder. Fundou, em 2000, com outras quatro pessoas, amigas e amigos da Faculdade de Arquitetura, o Instituto Elos.

Juntos, desenvolveram uma filosofia de mobilização e ação para transformação social que se desdobra em uma série de metodologias que há 22 anos vêm sendo aplicadas em territórios e comunidades em situação de vulnerabilidade com o objetivo de fortalecer a capacidade das pessoas de transformar sua própria realidade. Para isso, usam fundamentalmente o poder do coletivo e o próprio sentido de comunidade em sua essência agregadora.

Além da atuação direta nos territórios, o Instituto, em sua busca por impulsionar um movimento maior de transformação, realiza um trabalho de formação de lideranças multiplicadoras que já alcançou mais de 53 países, tendo impactado mais de 990 locais e mais de 500 mil pessoas com ações de transformação – sempre em parceria e com o apoio de órgãos governamentais, organismos internacionais e empresas privadas.

Temas compartilhados

Rodrigo falou das suas raízes e origens familiares e das aprendizagens que teve com cada uma das suas avós e cada um dos seus avôs maternos e paternos, todos imigrantes; da sua mãe e do seu pai; dos locais onde cresceu e morou; dos seus amigos e amigas; da igreja e dos movimentos sociais de base que frequentou; das escolas e da universidade onde se formou. Falou também de ideias de alguns pensadores que o inspiraram e inspiram até hoje. Abordou a ação que mais o impactou na sua trajetória: a do próprio Instituto Elos. Falou do seu lugar, dos seus sentimentos e do seu papel como líder social.

Desenvolvimento da entrevista

A entrevista aconteceu on-line, o que me gerou algumas inquietações: será que eu conseguiria captar suas emoções, seus gestos? O olho no olho faz toda diferença. Porém, a conversa fluiu de forma tranquila e serena: Rodrigo estava muito mergulhado e implicado em contar a história da sua vida. Em vários momentos se emocionou. Falou por mais de uma hora praticamente sem interrupção. Depois, comentei – de forma rápida e sintética – minha emoção com a capacidade de ele ter trazido um panorama das suas influências, experiências e valores de vida que faziam todo sentido para juntar as peças do quebra-cabeça da sua trajetória. Nos últimos vinte minutos, fiz algumas perguntas pontuais, partindo de colocações que ele havia feito no decorrer da sua narrativa.

Sentimentos e percepções

Foi uma alegria para mim realizar esta conversa. Conheço a importante trajetória profissional do Rodrigo há muitos anos. Trabalhamos juntos em várias ocasiões e temos muitas ideias e ideais em comum. Porém, realizar esta entrevista, na qual ele falou da sua vida, das suas origens e dos vínculos e experiências que o atravessaram e afetaram, foi muito especial: não só pela emoção de escutar seu relato – e o que ele escolheu me contar –, mas por ter tido o privilégio de compreender, sentir e constatar o quanto os primeiros anos da sua infância e adolescência tiveram influência nos seus valores e no sentido de toda sua obra social e profissional.

Senti-me muito tocada e identificada com várias das experiências e emoções por ele compartilhadas. Em vários momentos, ele se emocionou, e eu também. Em várias ocasiões, durante a fala, gostaria de ter trocado com ele trechos da minha própria biografia que dialogavam com a dele. Mas senti que, naquele momento e situação, importavam a palavra e a história dele.

Momentos memoráveis

Diria que os momentos mais bonitos foram aqueles em que Rodrigo ficou tocado ao falar do quanto ele agradece o que aprendeu com seus pais e avós: dos seus valores, da luta pela sobrevivência, do valor do trabalho, da cultura e da procedência deles.

Memoráveis também foram as percepções que ele próprio foi tendo sobre suas influências e sua trajetória à medida que contava sua história de vida. Ao narrar, ao colocar em palavras, muitas vezes a pessoa se depara com descobertas, desvela conexões que antes não estavam claras, mas que, quando as expressa, vêm à tona. O interesse e a surpresa do Rodrigo foram bonitos quando eu trouxe a metáfora de o Instituto Elos ser mais um filho de 22 anos, além dos três filhos de carne e osso que ele já tem!

Também fiquei sensibilizada quando, em determinado ponto da conversa, ele quis traçar uma relação com minha própria história de vida e me perguntou sobre minha religião ao falar da dele: como que querendo corroborar se eu iria entender o que ele queria me contar.

Em alguns poucos momentos, eu trouxe comentários sobre minha própria vida que dialogavam com a dele: nosso mestre inspirador Paulo Freire; o cantor cubano Silvio Rodríguez, de quem nós dois gostamos; a importância da luta pela justiça social e do ativismo, cujas sementes surgiram nas nossas adolescências; valores humanos comuns; nosso impulso por trabalhar pelos direitos humanos; a influência da antroposofia nas nossas vidas. E ele, sabendo do meu país de origem, ao me contar que namorou uma uruguaia, trouxe também elementos comuns aos da minha própria biografia.

O que aprendi com Rodrigo e como ele me afetou

Aprendi com a sensibilidade, a importância e a gratidão que ele tem pela sua família, pelas suas raízes e por tudo o que aprendeu e herdou deles. Aprendi com a sua humildade ante a grandiosidade e o alcance social da sua obra, do seu ativismo. Aprendi e me identifiquei com muitos dos seus valores e prioridades de vida, com sua ética profissional e como ser humano.

Aprendi, com Rodrigo, a coragem como necessidade e a criatividade como possibilidade de mudança; e como, a partir da experiência de atuar sempre no coletivo, em comunidades, ele e seus parceiros são atravessados e afetados, no seu foro mais íntimo, pelos(as) outros(as). Aprendi que, como Rodrigo pontua, "é possível transformar o mundo que queremos no mundo que sonhamos". Fiquei muito tocada por esse ser humano com tantos princípios de vida e, ao mesmo tempo, com a lucidez de poder olhar para sua própria sombra.

Reafirmei minha hipótese de que é na infância e pela influência das culturas dos nossos pais, mães, avôs, avós e de toda a linhagem de ancestrais de cada um(a) que tudo começa – e nos acompanha na trajetória das nossas vidas.

Reconstrução da história de vida

Trago aqui uma reconstrução – releitura – do relato de Rodrigo sobre sua trajetória de vida, a partir da minha memória afetiva e dos registros escritos e gravados da nossa conversa. A entrevista foi realizada on-line por meio da plataforma Zoom em abril de 2022 e durou uma hora e quarenta minutos. O convite foi para ele falar à vontade e compartilhar o que quisesse da sua vida, sua infância, suas influências e referências. Assim que começamos, ele achou que eu formularia perguntas, mas expliquei que a ideia era ele falar livremente e que, no final, eu poderia fazer alguma pergunta. Rodrigo, então, deu vazão às suas memórias e emoções.

Desde o início da conversa, ele trouxe os membros da sua família e seus antepassados, que apareceram de forma muito presente. O reconhecimento da incidência deles em sua vida foi absolutamente cristalino e emocionado: os valores dos avós espanhóis imigrantes que vieram para o Brasil com seus filhos nos anos 1950, buscando melhores alternativas que as de uma Espanha ainda muito dilacerada pela Guerra Civil. Apontou várias dimensões sobre a importância que teve essa migração: o que eles e os imigrantes europeus em geral pensavam da necessidade de dar certo no Brasil.

Rodrigo conta que seu pai tinha dois trabalhos e que sua mãe era balconista de uma ótica em Santos. Essa herança, a questão do trabalho, teve importante influência em sua vida: toda sua família foi de empreendedores. Os avós paternos – que, ainda na Espanha, deixaram a vida rural para trabalharem como operários na indústria – em seus primeiros anos no Brasil moraram em cortiço e em barraco de madeira, mas lutaram sempre para prosperar e melhorar a condição de vida e moradia aqui no Brasil.

Um dos seus avôs trabalhava nas caldeiras de uma fábrica de porcelana e, mais tarde, nas caldeiras de navios. Ele morreu surdo de um ouvido e sem um pulmão, porque naquela época não havia equipamentos de proteção. Toda essa dificuldade vivenciada resultou em um grande empenho para que seus filhos (os pais do Rodrigo) estudassem, oportunidade que eles não tiveram.

Rodrigo nasceu em Santos, cresceu na periferia do Guarujá e até os quatro anos morou com seus pais e sua irmã em uma casa com apenas um quarto: todos dormiam no mesmo cômodo. Entre seus amigos de infância, destacou dois gêmeos negros, filhos de um grande amigo do seu pai. Ele conta como muitos dos seus amigos daquele período foram parar no crime: dos gêmeos, um deles estava preso e outro tinha sido morto. Ele conseguiu seguir outro caminho, mas, ao mesmo tempo, questiona o quanto essa sua conquista, em comparação com o destino de outros que cresceram com ele, reflete também o privilégio de ser filho de uma família europeia e branca.

Relata que uma das importantes aprendizagens que teve na infância foi o lado comunitário da família: os avós maternos moravam com eles e a casa era ponto de encontro da família, que era grande. Apesar de eventuais divergências, não se lembra de ter testemunhado brigas ou desavenças. Ele aponta, de forma muito lúcida, que entende ter herdado essa atitude comunitária e conciliadora da família. Aprendeu que, para estar junto, conviver entre tantos, é preciso renunciar a muita coisa.

Embora sua avó paterna se dissesse ateia por não suportar a falsidade dos católicos, Rodrigo foi educado na religião católica e em sua adolescência foi profundamente impactado pelas histórias e mensagens de Jesus, embora não se conectasse tanto com os ritos e dogmas da Igreja, mas sim com a ideia de perdão e solidariedade. Aos dezoito anos, ele se afastou da Igreja.

Adorava música e, na juventude, montou uma banda que tocava rock nacional. Para ele, a música e a arte são, até hoje, referências: música, pintura, teatro, literatura, obras de arte. Ele acredita que a arte lhe permite o lugar do sonho e a associa com seu interesse pela arquitetura, carreira que escolheu seguir: "*o arquiteto imagina e desenha algo que não existe, projeta sonhos*", diz ele.

Rodrigo confessa que cresceu com um estigma de inferioridade por morar na periferia e estudar na parte mais nobre da cidade. Até a quarta série, estudou em escola pública e era excelente aluno. Por isso, uma professora convenceu a mãe a colocá-lo em uma escola particular. Foi assim que ele fez parte da primeira geração da sua família que chegou à universidade. Foi ali que ele se juntou ao movimento estudantil e participou ativamente, com seus pares, de movimentos e reivindicações. Foi, nas palavras dele, um momento muito bom da juventude.

Ele falou várias vezes durante nossa conversa do seu grande amigo Edgard Gouveia Júnior, que já era uma liderança na época da faculdade, e como se encantou com sua criatividade. Foi com ele e outros parceiros, em especial Mariana Motta e Natasha Gabriel, que começou a criar experiências de aprendizado e a fazer intervenções na cidade como forma de aprender na prática o que vinham estudando na faculdade para poder contribuir com a melhoria do espaço público e da vida urbana.

Rodrigo relata como, sem planejar ou desejar, ele foi sendo colocado, pelas pessoas ao seu redor, no lugar de líder do diretório acadêmico da faculdade. Ali, participou de greves, passeatas e invasões. Foi então que começou a entender que haveria formas mais políticas, caminhos pacificadores em prol da conquista de liberdade e autonomia para transformar e criar novas realidades na sociedade. Em decorrência dessa experiência, ele e seus pares fundaram, no último ano da faculdade, o Instituto Elos. Assim, passaram a mudar a estratégia de intervenção: "do combate para o convite".

Uma das referências inspiradoras de Rodrigo é a escritora americana Margaret (Meg) Wheatley e, em especial, seus parceiros no Berkana Institute,[14] Bob Stilger e Deborah Frieze, pessoas com quem ele tem a felicidade de conviver.

Rodrigo tem, como seu norte, a criação de "ilhas de sanidade e inteireza": ele acredita que escolher a esperança é uma ação política e aprendeu que revolta, combate, protesto ou silêncio são energias de destruição. É preciso falar e agir

---

14 Veja mais em: https://berkana.org/. Acesso em: 14 out. 2022.

afirmando aquilo de bom que queremos construir, mais do que nos dedicar a destruir o que não queremos. Paulo Freire passou a ser seu mais recente mestre inspirador, e da obra *Pedagogia da autonomia* ele resgata a ideia de alegria e esperança e se pergunta: "quem sou eu para ficar amargurado?".

No Instituto Elos, ele conta que, desde o início, as decisões eram tomadas em conjunto pelos seus cinco fundadores. Embora ele não se entendesse como líder, sempre sentiu que carregava uma grande responsabilidade nas costas: ele enxerga o sofrimento de quem está nesse lugar. Por outro lado, tem consciência de que há nele uma força que influencia o Elos. Rodrigo sempre trabalhou muito – a exemplo da sua família – e sente-se privilegiado de ver tantos resultados de seu esforço cotidiano.

Outra figura inspiradora para o Rodrigo foi Ute Craemer, educadora alemã radicada no Brasil desde os anos 1970 e fundadora da Associação Comunitária Monte Azul,[15] em São Paulo, que conheceu em 2000.[16] Influenciado por ela e por suas ideias e iniciativas, Rodrigo se identificou com a pedagogia Waldorf e acabou sendo um dos fundadores da primeira escola Waldorf em Santos, tendo construído três sedes em três anos. Todos esses processos e movimentos o motivaram a estudar mais e a se aprofundar na antroposofia. Ele reconhece que, apesar de ser altamente movido pela paixão pelo que faz, também tem seu lado racional muito desenvolvido, uma característica que lhe dá certa serenidade.

---

15 Veja mais em: https://www.monteazul.org/pt-br/. Acesso em: 14 out. 2022.
16 Ute foi também minha querida parceira na fundação da Aliança pela Infância no Brasil.

Impressões: como as histórias de outrem nos afetam

> Os dizeres não são [...] apenas mensagens a serem decodificadas. São efeitos de sentidos que são produzidos em condições determinadas e que estão de alguma forma presentes no modo como se diz, deixando vestígios que o analista do discurso tem de apreender. São pistas que ele aprende a seguir para compreender os sentidos aí produzidos, pondo em relação o dizer com sua exterioridade, suas condições de produção. (ORLANDI, 2013, p. 30)

O que primeiro chamou a minha atenção na escuta da narrativa do Rodrigo foram a clareza e a forma como ele juntou várias partes do seu quebra-cabeça de experiências de vida, relembrando situações, pessoas, sentimentos e vivências que davam sentido à sua história – e fiquei impressionada com essa capacidade e lucidez! No entanto, a partir do aprofundamento e da leitura do seu depoimento, percebi que havia muito mais a ser desvelado: *o não dito, as repetições, os gestos, os olhares*. Por trás e por baixo da persona[17] que cada um(a) de nós mostra ao mundo, consciente ou inconscientemente, há um universo desconhecido.

Foi emocionante identificar os temas que meu entrevistado relatou e como eles faziam sentido para o que era mais interessante para mim: conhecer os episódios da sua infância e juventude que mais o impactaram como ser humano. Mais especificamente, episódios envolvendo a família, acontecimentos de pessoas que o influenciaram e a ligação

---

17 *Persona*, na teoria de Jung, é a personalidade que se apresenta aos outros como real, mas que, na verdade, é uma variante às vezes muito diferente da verdadeira.

com suas origens. Entre tantos temas, surgiram também: empreendedorismo, valores de vida, comunidade, solidariedade, vida/casa, coragem, liderança, desafios; educação, política e religião; ideias sobre conquista e luta; amigos e o instituto por ele fundado.

À medida que desenvolvia minha leitura e interpretação sobre a entrevista, fui descobrindo também recortes de vida não revelados, aos quais Rodrigo voltou em vários momentos e que, como cheguei a compreender, eram mais obscuros e complexos, não aparentes à primeira vista. Levar em consideração meus *insights* foi fundamental para o desenvolvimento antes, durante e depois da entrevista: a lucidez do entrevistado, a percepção dos temas que o tocaram, o não dito, a justificativa do seu papel de líder da organização, afirmando que não queria estar naquele lugar.

Ensaio interpretativo

A partir das propostas de Rosenthal, Denzin e Ginzburg, e de minhas impressões, percepções, *insights* e sentimentos pessoais, fiz vários entrelaçamentos e apresento aqui um ensaio interpretativo (que Denzin e Rosenthal chamam de análise) da biografia escutada na conversa apresentada. Trata-se de um exercício para apontar caminhos possíveis de leitura e interpretação mais aprofundados.

Gravamos a entrevista pela plataforma Zoom e fui fazendo minhas anotações ao longo da conversa. Ao assisti-la mais tarde e revisitar meu diário de campo, fiz a reconstrução da história: o texto produzido me permitiu aprofundar a experiência de vida por ele narrada. Da mesma forma como oriento estudantes e pesquisadores(as) que desenvolvem pesquisas e processos de escuta com crianças, a ética na relação com meu entrevistado atravessa toda a pesquisa: encaminhei a gravação e o presente texto para que ele os validasse.

Sem dúvida, a história de vida narrada por Rodrigo traz uma sequência de temas inter-relacionados que – como aponta Gabriele Rosenthal –, juntos, formam uma densa rede de histórias cruzadas, interligadas. É interessante perceber a diferença entre a autoapresentação biográfica no momento da narração e a experiência vivida no passado. Talvez ele já tenha contado essa história de muitas outras formas e, certamente, voltará a contá-la em outros momentos e com base em diferentes pontos de vista. A cada momento da nossa vida, ao rememorar e narrar parte da nossa trajetória, somos regidos por arquétipos diferentes. A perspectiva subjetiva dele sobre si mesmo, seu olhar, assim como o do contexto global de sua vida, resultaram nessa conversa.

Inspirada na psicologia profunda de Jung, tanto no decorrer da conversa quanto depois, pude ler Rodrigo nas entrelinhas, percebendo muito do que não foi dito por meio de silêncios, emoções e de sua linguagem corporal. Como não poderia deixar de acontecer, porque estávamos ali em situação de conversa, de escuta e fala, me identifiquei com alguns episódios por ele vividos, relatados. Mesmo que acontecidos em contextos e épocas diferentes, percebi que tivemos algumas experiências semelhantes.

Norman Denzin aponta para a importância da existência dos outros, dos que vieram antes, da família, dos amigos: a partir do relato de Rodrigo, percebemos a influência que tantas outras pessoas tiveram em seu caminho, assim como os valores pelos quais foi influenciado, que ele reconhece em sua fala, sempre com muita emoção.

Em sua vida, aconteceu o que Denzin chama de pontos de virada e marcadores de vida importantes: os encontros coletivos em família; a mudança de casa; a escola; a influência dos valores religiosos e políticos; o ativismo na universidade e seu papel no movimento estudantil; a fundação do Instituto Elos; a chegada dos filhos – tantas experiências como pontos de virada!

Na conversa, percebi que Rodrigo revelou alguns aspectos da sua trajetória, trazendo uma nova história com as lentes pelas quais ele a enxergava naquele momento. A forma de apresentar e reorganizar sua cronologia mostrou diferentes camadas que espelharam aquelas que deixaram marcas em sua pessoa e em sua jornada. Algumas das epifanias que ele trouxe, alguns momentos de crise, efetivamente mostram as mudanças que o impactaram. Por exemplo, o quanto as dificuldades vivenciadas pelos seus avós e pais, as suas jornadas e esforços pela sobrevivência, mexeram com ele no sentido do privilégio de ele ter conseguido estudar e se formar; ou a percepção do destino dele próprio, que, comparado ao de muitos dos seus amigos de infância, foi de grande privilégio pelas bases e educação que recebeu; ou, ainda, como ele foi sendo colocado, desde a faculdade e depois, na sua trajetória profissional, no papel de líder.

Da minha parte, no papel de entrevistadora-escutadora, tive várias percepções e senti diferentes emoções no decorrer da entrevista. Fiquei muito admirada com a lucidez e a capacidade dele de identificar em seu relato aquelas situações que influenciaram o ser humano e o profissional que é.

Porém, em muitos momentos, tive vontade, sim, de abraçá-lo para acolher suas emoções, lembranças tristes e tocantes. Ao final de sua fala, fiz algumas perguntas: como ele se sentia no papel de líder? Qual a vivência que mais o impactou? Sobre essa segunda questão, eu esperava que ele contasse a respeito de alguma das comunidades onde atuou e me surpreendi com sua resposta: ele falou sobre a experiência do próprio Instituto Elos como um todo.

Tomando agora o paradigma indiciário de Carlo Ginzburg como referência, vou ensaiar algumas observações sobre minhas percepções durante a experiência da entrevista.

a) Passar do conhecido para o desconhecido: o desafio do desapego e do julgamento

Como já comentei, eu conhecia Rodrigo, o profissional sensível que batalha por um mundo melhor, por meio do seu ofício, da sua liderança e sensibilidade. Esse é o aspecto conhecido. O aspecto desconhecido foi desvelar o ser humano que ele é, a partir dos indícios percebidos em sua narrativa autoetnográfica. Sem julgamentos, me vi, em muitos momentos, sentindo empatia com sua história.

b) Elementos imponderáveis: acaso, sensações, faro, formas de olhar e intuição

Rodrigo olhava para a sua direita e para cima enquanto falava, como indo à procura de suas memórias, das imagens que ele queria transmitir. Emocionou-se várias vezes: lágrimas nos olhos, voz embargada. Fez questão de contar alguns aspectos obscuros de sua biografia.

Houve alguns momentos em que pessoas entraram no espaço em que ele estava conversando comigo. Em certo momento, ele ficou um pouco aflito com nosso horário, pois precisava buscar o filho na escola; aí ficou sabendo que não precisava mais se preocupar, pois alguém iria dar carona, e ficou aliviado.

c) Elementos estruturais: palavras e frases preferidas, interrupções e reconstruções

Algumas frases me pareceram suas preferidas, suas bússolas:
"mudar do combate para o convite";
"criar ilhas de sanidade e de inteireza";
"o poder do círculo";
"somos da corrente do amor";
"combater o mal com o bem";
"não queria ser colocado como líder";
"ao invés de brigar, transformar o pensamento das pessoas pelo sonho".

d) A postura do(a) pesquisador(a): ponto de vista temático e cultural e distanciamento

Ficou evidente para mim que as influências de suas raízes multiculturais tiveram imperativo impacto na formação do seu caráter e na escolha de sua profissão: indícios que aparecem de forma muito lúcida em seu relato: por exemplo, o espírito de comunidade que ele já aprende com os encontros familiares; o valor do trabalho e do esforço que vem da experiência dos avós; a solidariedade que ele assimila com a atitude dos avós e dos pais; a importância que a moradia e os espaços têm na vida das pessoas que o levam a estudar arquitetura e ao seu trabalho nas comunidades. Rodrigo corroborou a hipótese que defendo: os principais indícios já aparecem na infância e apontam para a missão, a potência, o caminho do ser humano, e isso se relaciona com valores da cultura em que cada um(a) cresce e se desenvolve, mas também com a personalidade e as potências individuais.

e) A proximidade e a distância: o estranhamento e a paixão pelo(a) outro(a)

Desde o início, a escolha de Rodrigo como entrevistado conectava-se com minha admiração pelo seu trabalho – daí minha vontade de conhecer mais profundamente sua história de vida e suas influências – e se relacionava também com a empatia no que diz respeito ao caráter e à postura.

f) Elementos isomorfos: semelhanças entre narrador(a) e pesquisador(a)

Constituem traços semelhantes nas nossas jornadas: nossas ações como humanistas, nossa sensibilidade, nosso bom senso, nosso contato com a antroposofia e seus valores; nossas experiências com uma diversidade de seres e grupos humanos de todas as ordens, origens e culturas; assim como a inspiração em uma cultura de paz.

g) Elementos imagéticos: imagens que acessam a memória afetiva

No decorrer da entrevista, o que transpareceu, de fato, foram imagens advindas da memória afetiva do Rodrigo. Foi graças a elas que consegui reconstituir – e visualizar – sua história, os espaços descritos, e imaginar as cenas e cenários que ele tão bem descreveu, como: as imagens da casa da avó com a família reunida; a emoção das cenas dos avós quando chegaram ao Brasil nos seus cotidianos de árduo trabalho; suas incertezas no que se refere a assumir seu papel de liderança; seu vínculo com seus amigos.

À guisa de reflexão final

Como antropóloga, considero extremamente importantes as percepções e emoções dos(as) pesquisadores(as). Esta nova abordagem, do lugar da sociologia, veio complementar meus conhecimentos e fomentar meu interesse em continuar desenvolvendo pesquisas biográficas que tenham significado não só para o(a) entrevistado(a), mas também para o(a) pesquisador(a). Sem dúvida, ouvir e ser ouvido é terapêutico para qualquer um. O(a) entrevistado(a), ao falar de sua vida, se lê e se percebe, torna-se consciente, em algumas de suas narrativas, da importância de determinadas experiências ou pessoas, é tocado(a) por alguma memória ou confissão.

A partir desta entrevista em especial, fico mais sensível e sintonizada com a prática de escuta e com a possibilidade de entender outro ser humano por meio da compreensão profunda de suas perspectivas e narrativas, e de seus percursos de vida, uma vez que

> Falamos de experiências dolorosas, daqueles momentos em que raça, classe, gênero e sexualidade se cruzam [...] nesses espaços, somos livres de explorar as nossas próprias experiências de dor e as dos outros, de nos deslocarmos para novas áreas, para novas identidades, novas relações, novas e radicais formas acadêmicas, e novas epifanias. (DENZIN, 2017, p. 87)

Convidei Rodrigo a dar seu depoimento sobre nossa conversa. Transcrevo, a seguir, suas sensíveis palavras:

> O convite da Adriana para conversarmos sobre a minha biografia, se por um lado me soou um pouco intimidador, por outro foi também um convite irresistível. A intimidação foi devido ao receio de que a minha biografia – me considerando ainda uma pessoa jovem – não tivesse consistência e relevância suficiente para ser estudada ou registrada.
> Já a irresistibilidade, em parte, vem de uma grande admiração que tenho pela Adriana como pessoa e como profissional; por outra parte, e de forma contraditória ao que mencionei antes, devido ao fato de que a essa altura da vida, com 47 anos, começo a me questionar e querer entender mais sobre a minha

própria jornada e como vim a ser a pessoa que sou hoje. Isso, de uma perspectiva do meu próprio desenvolvimento como pessoa, mas, também, como pai e educador apaixonado; essa é uma investigação que me parece muito interessante e útil.

Sempre adorei boas conversas, mais do que bons livros, não diminuindo a relevância dos livros. *Mas as conversas trazem tantas outras dimensões e, ironicamente, ao conversar, além de ouvir e sentir a outra pessoa, também tenho a oportunidade de ouvir e sentir a mim mesmo.*

Surpreendentemente, essa segunda dimensão foi a principal nessa conversa com a Adriana, sobre a minha biografia. Na minha fantasia, eu esperava perguntas e talvez até uma análise, quase uma consulta terapêutica ou astrológica. Mas, para minha surpresa, ela pediu apenas que eu contasse a minha biografia da maneira como eu quisesse e entendesse que deveria ser.

Só que o que poderia significar uma frustração, na verdade, se converteu num grande presente, inesperado, que recebi: poder refletir livremente sobre a minha biografia e sobre a narrativa que escolhi, os fatos a que dei mais importância naquele momento. Tudo isso, para mim, é uma experiência riquíssima de revisitar até agora.

Me impressiona o caráter circunstancial e momentâneo da narrativa e do conteúdo que escolhi compartilhar, sem, contudo, me arrepender de nada. Talvez gostasse de querer ajustar alguma coisa, agregar ou retirar algo. Mas nada disso a faria ser mais ou menos verdadeira. Apenas significaria contar a história de um outro ângulo. Isso me fascina. É como olhar para a minha biografia como um acervo de experiências que posso utilizar e ordenar de diversas maneiras para me entender melhor, dependendo do ângulo de entendimento que estou buscando no momento.

Para uma mente mais cartesiana, talvez não faça tanto sentido o que estou dizendo, ou até talvez possa soar frágil, falso. Mas, para a minha mente mais ligada às artes, essa experiência me fortalece, me conecta com o que eu percebo como a dimensão evolutiva da minha existência, onde eu não sou isso e depois aquilo, por razão daquilo e aí se encerra o entendimento, mas eu vou sendo diversas coisas. E é na oportunidade de observar e refletir recorrentemente sobre esse ir sendo essas coisas é que vou me entendendo em evolução.

Agradeço a Adriana, pelo convite especial e pela escuta tão acolhedora que me propiciou toda essa viagem, que egoisticamente estou adorando, mas que, também, espero, sinceramente, seja inspiradora para quem nos lê.

TRILHAS DAS HISTÓRIAS DE VIDA

> *Fica decretado que agora vale a verdade.*
> *agora vale a vida,*
> *e de mãos dadas,*
> *marcharemos todos pela vida verdadeira.*
>
> Thiago de Mello (1984, p. 216)

Uma pergunta que sempre surge nos cursos de formação, grupo de estudos e consultorias com educadores(as), professores(as) e gestores(as) de escolas e coletivos é: como a escuta de um(a) outro(a) pode afetar a postura de um(a) professor(a)/pesquisador(a)? É possível promover processos de mudanças éticas e metodológicas em suas atuações profissionais?

Entendo e reafirmo que, para que mudanças profundas aconteçam – tanto nos(as) estudantes (crianças, jovens ou adultos) quanto nos(as) educadores(as) –, torna-se imprescindível realizar mergulhos profundos de autoconhecimento de todos e todas aqueles(as) responsáveis pelo trabalho com outros seres humanos.

A trilha da presente jornada de desvelar histórias de vida circula como o movimento da mandala, aprofundando o conhecimento dos seres humanos. Em sânscrito, mandala significa círculo. No budismo, no hinduísmo, na ioga e no tantrismo, ela é utilizada como objeto ritualístico e para meditação: é uma representação do ser humano e do universo. Para o psicoterapeuta Carl Gustav Jung, a mandala representa o si mesmo, a totalidade, um espelho da natureza da alma humana. Ela expressa simbolicamente que a evolução da psique gira em torno de si mesma.

Jung mostra que somos todos(as) habitados(as) por imagens primordiais ou arquétipos. Ele relaciona a mandala com o arquétipo do processo de desenvolvimento da psique, ou *processo de individuação*. Os temas arquetípicos que aparecem no inconsciente podem ser traduzidos por meio de símbolos diversos, conforme a época, o lugar geográfico e a cultura.

O estudo das biografias humanas e o estudo das memórias constituem pontos de partida básicos na consolidação e na compreensão da personalidade, dos comportamentos e do destino dos seres humanos. Pesquisar origens e raízes multiculturais – individuais e coletivas – aponta para a possibilidade de aprofundamento e (re)conhecimento da complexidade dos sujeitos e dos grupos culturais. Somos constituídos por diversidade de influências, tendências, crenças, rituais, costumes, referências, que nos tornam singulares e múltiplos, e que possibilitam adentrar esse universo complexo e fascinante que é o ser humano.

As pesquisas biográficas estão relacionadas com narrativas em diferentes linguagens e dizem respeito a investigações de grupos e histórias culturais de interesse individual e coletivo. Elas se inserem tanto no campo artístico-cultural – nas artes, na poesia, na música, na literatura, nas iconografias, nas mitologias – quanto no campo dos estudos sociais – em estudos psicológicos, sociológicos, antropológicos e históricos –, bem como no campo documental – por meio de registos, diários, cartas, fotos, filmes e documentários. Tais pesquisas contemplam biografias de personalidades de variados contextos, territórios e profissões: artistas, escritores, educadores, políticos, músicos, cientistas, psicólogos, entre outros.

Essas narrativas têm servido como bases conceituais, construindo versões biográficas e autobiográficas que convergem com os vários grupos culturais humanos – na possibilidade de reconhecer e resgatar a complexidade de cada um(a) e os traços e influências multiculturais que nos constituem. Para além das pesquisas bibliográficas e biográficas, tenho recorrido a estudos em variadas áreas de conhecimento que constituíram a base para o processo de investigação apresentado.

Caminhos etnográficos: processos formativos

No desenho de caminhos etnográficos de formação de pesquisadores/educadores, de disseminação de pesquisas e de implementação em projetos socioeducacionais, proponho e trabalho com algumas orientações de estudos, experiências e aprofundamentos. Relato, a seguir, algumas delas.

Nos cursos de pós-graduação que têm como sujeitos e tema central as crianças e suas infâncias,[18] proponho como

---

18 Entre os cursos de pós-graduação que criei a partir de 1997, aqueles que coordeno e vários outros em que sou docente, cito: "Educação lúdica" no Instituto Superior de Educação Vera Cruz; "Crianças de zero a três anos", "Educação infantil: investigação e fazeres com crianças de 4 a 6 anos", "Educação em museus", "Autoconhecimento para a

ponto de partida que cada participante realize uma imersão autobiográfica em suas próprias origens multiculturais. Uma das referências utilizadas sobre multiculturalismo é a do antropólogo francês Marc Augé (1994), que afirma que sua existência em cada núcleo familiar e em cada um dos seus membros se deve aos fluxos migratórios, à mobilidade sem restrições dos cidadãos e à crescente interdependência entre pessoas e países. Neste sentido, a "antropologia dos vizinhos" ganha significado.

A antropologia do multiculturalismo alarga o campo da pesquisa e da intervenção em áreas vitais da sociedade contemporânea, nomeadamente emprego, relações interpessoais, cidadania e educação. Um olhar diferente – antropológico e multicultural – é necessário nessas e em outras áreas. A antropologia, melhor do que qualquer outra área de conhecimento, pode contribuir positivamente para o estudo das complexas questões do multiculturalismo.

No processo proposto, os(as) estudantes/pesquisadores(as) são primeiro convidados a escolher alguns recortes das suas memórias do período da infância e a partilhá-las com o grupo em formato de *carta*. Cada um(a) narra alguns desses episódios de infância, a partir dos quais seu núcleo familiar e coletivo os(as) influenciou. Quem recebe cada carta, cria um *conto*, uma história, com base no lugar onde foi tocado pelo(a) outro(a), história que irá mais tarde compartilhar no grupo.

---

formação do educador", "Inclusão: práticas inclusivas e gestão das diferenças", "Gestão escolar", "Infância, educação e desenvolvimento social" no Instituto Singularidades; "A vez e a voz das crianças: escutas antropológicas e poéticas das infâncias", "A natureza que somos" e "Coordenação pedagógica" n'A Casa Tombada.

Em seguida, proponho a escrita de um *diário autobiográfico* pessoal a ser preenchido no decorrer da jornada de cada um(a). A proposta é cada participante investigar suas origens, criando sua *árvore genealógica* familiar. Conhecer em profundidade nossas raízes multiculturais faz parte da compreensão, de um ponto de vista antropológico, da importante influência que cada ser humano herda e recebe do seu núcleo familiar, independentemente de sua estrutura. Assim, para iniciar essas reflexões, encorajo os(as) estudantes a realizarem uma investigação sobre suas raízes familiares, identificando as influências do momento histórico e do local geográfico – da cidade, da região, do país onde nasceram, eles(as) e sua linhagem familiar (seus ancestrais e seus descendentes). Aqui podem também incluir a composição da família: irmãs, irmãos, filhas, filhos, netas e netos.

A partir desses primeiros convites, cada um(a) reflete sobre o que os(as) tocou, influenciou ou afetou, bem como a qualquer um dos seus antepassados, no que diz respeito a valores, rituais, ritos, costumes, crenças, alimentação, canções, histórias, jogos, vestimentas, relações etc. A árvore genealógica pode ser representada por meio de diferentes *linguagens*. Segue-se um processo de *compartilhamento* dos recortes das histórias de vida de cada um(a), sendo a forma/linguagem expressiva de livre escolha. Algumas e alguns participantes fazem uso de objetos, fotos, imagens, bordados; outros(as) tocam uma música, declamam uma poesia, apresentam uma expressão corporal ou uma produção artística, uma performance, para contar sua história. Após esse processo individual, criamos tempos e espaços expressivos no coletivo para que todos(as) os(as) participantes possam se colocar.

Na sequência, o convite é para que cada um(a) *escolha uma biografia ou autobiografia* para ler e pesquisar. A partir da seleção de biografias, autobiografias, correspondências ou diários, nos aprofundamos nas histórias de vida de outros seres humanos, em *diálogo* com as dos(as) participantes. A partir de estudos aprofundados, lança-se luz sobre vários temas presentes: memórias de infância, assuntos amorosos, laços familiares, laços anímicos significativos, dons e experiências notáveis, perdas, lutos etc. Assim, damos continuidade à saga de conhecimento e aprofundamento na complexidade e multiculturalidade dos seres humanos.

A partir da leitura de alguns capítulos do livro de James Hillman (2001), *O código do ser*, os(as) estudantes são convidados(as) a *escrever um ensaio* refletindo sobre a relação entre suas memórias de infância, as relatadas na biografia escolhida e as ideias propostas por Hillman. Desta forma, podem identificar e pensar sobre sinais, indícios, que aparecem durante as infâncias e de que modo eles afetam seus percursos de vida.

Estudos biográficos: um caminho possível

Entre 2020 e 2022, criei o Grupo de Estudos Biográficos, modalidade que constituiu minha principal fonte de intercâmbio e de investigação coletiva: a diversidade e o perfil das participantes foi um fator estimulante para diálogos, aprofundamentos e pesquisas. Desde sua formação, têm participado deste grupo mais de vinte mulheres: educadoras, professoras, coordenadoras, advogadas, arte-educadoras, ativistas, escritoras, entre outras profissões. O mais interessante têm sido os estudos e as trocas estabelecidas no decorrer dos nossos encontros quinzenais.

Da mesma maneira que nos cursos de pós-graduação, o grupo começou com o convite para cada participante realizar a *pesquisa das suas origens e raízes multiculturais*. Desde o primeiro encontro, descobrimos que, naquele grupo, havia mulheres nascidas e influenciadas por culturas brasileiras, europeias, africanas, asiáticas, latinas, entre tantas outras. Essa multiplicidade de influências criou no grupo um caldo complexo e interessantíssimo de heranças multiculturais. Aos poucos, escolhemos incluir *estudos a respeito dessas culturas*, por meio de inúmeras manifestações: música, poesia, documentários, história, literatura, pintura e outras expressões artísticas.

Convidamos também educadores(as), pensadores(as), escritores(as), artistas, ativistas, musicistas, poetas, pessoas que trabalham nas humanidades, para partilharem trechos de suas biografias e percursos de vida. Essas pessoas atravessaram e tocaram a vida de cada membro do coletivo, porque, de alguma forma, tinham alguma ligação com as raízes culturais de cada uma de nós.

Adentrar tantas vidas nunca daria conta da dimensão e profundidade que gerou em nós cada obra, cada biografia ou autobiografia estudada, lida, apreciada e ouvida.

O caminho faz-se ao andar[19]

A escolha das biografias passa não somente pela escolha ou vontade consciente do(a) leitor(a), mas acredito que as biografias, os biografados e as histórias de vida também nos escolhem. Vamos pela vida como andarilhos(as), e homens, mulheres, crianças, objetos e trajetos atravessam e desafiam nossa jornada, como bem aponta Manoel de Barros, para quem os andarilhos

> sempre [...] sabiam tudo sobre o nada. E ainda multiplicavam o nada por zero – o que lhes dava uma linguagem de chão. Para nunca saber onde chegavam. E para chegar sempre de surpresa. Eles não afundavam estradas, mas inventavam caminhos. (BARROS, 2010, s.p.)

Nesta caminhada, as escolhas – primeiro individuais, para serem depois compartilhadas no coletivo – começaram a partir da pesquisa das origens multiculturais de cada integrante do grupo. Muitas dessas raízes, origens e culturas se entrecruzaram e conversaram entre si: Portugal, África, Espanha, Itália, Polônia, Rússia, Alemanha, Hungria, França, Israel, Uruguai, Cuba, Argentina, Estados Unidos, Inglaterra, Coreia, China, Japão, entre outras. E, no Brasil, origens indígenas, paulistas, mineiras, baianas, riograndenses, amazônicas, formaram os marcos cartográficos que constituíram o mapa biográfico das participantes. O grupo é integrado por mulheres de várias faixas etárias, profissões diversas, todas humanistas, sen-

---
19 Em referência a um verso do poeta espanhol Antonio Machado (2016).

síveis, entusiastas das tantas narrativas que visitaram nossos encontros quinzenais às sextas-feiras.

Essas narrativas serviram como base no caminho de construir versões biográficas e autobiográficas que conversaram com os vários grupos culturais humanos e na possibilidade de reconhecer e resgatar a complexidade de cada um(a), além dos indícios, identidades e influências multiculturais que nos constituem.

As trilhas de conhecimento e as fontes de referência desta obra foram sendo construídas no decorrer do processo investigativo, a partir dos *encontros coletivos, das conversas, dos estudos biográficos e bibliográficos e das narrativas culturais e artísticas.*

Reencontramos mulheres mães, avós e filhas e suas relações de amor e conflitos intergeracionais, tanto nas nossas próprias vidas quanto nas das nossas convidadas e convidados. Essa forte vinculação entre gerações apareceu nos depoimentos das nossas trajetórias e em contato com as de tantas mulheres, sobretudo nesse fio sutil das confissões e dos segredos que são transmitidos de uma geração à outra. As mulheres e homens biografadas(os) que convidamos a entrar em nossa roda nos provocaram a nos abrirmos sobre nossas próprias existências. Assim, evocamos o calor de algumas avós, a braveza de muitas mães, crenças religiosas e rituais – alguns que se perpetuaram, tantos outros que se perderam...

Muitos *temas* que nos atravessaram foram surgindo nesta jornada: a ética, a ancestralidade, os vínculos familiares e fraternos, o amor, o feminismo, o racismo e a segregação, os segredos familiares que passam de uma geração para outra; a cultura em toda sua diversidade, os rituais, as crenças, a coragem, a liberdade, a aceitação, o respeito, a empatia, as violências, as traições. A influência e o papel de figuras autoritárias nas vidas de todas e de todos nós – tanto mulheres quanto homens; as críticas, transgressões, histórias que se repetem na história genealógica. Crenças, heranças ou costumes que em algum ponto da vida são descontinuados por um membro da linhagem que tem a coragem de ser diferente, de questionar e de se rebelar contra uma tradição ou certo tipo de comportamento.

Talvez o tema mais recorrente que apareceu em grande parte das histórias de vida que passaram por nós tenha sido o da coragem de cada pessoa correr atrás da sua verdade, do seu destino, pesassem quaisquer circunstâncias e enfrentando todo tipo de arbitrariedades. Constatamos que, como tantos seres humanos, de forma recorrente – e muitas de nós, em algum momento da nossa jornada –, arriscamos perder nossa essência profunda, nossa motivação ou o motor que impulsiona nossa vida e nos deixamos influenciar ou sermos afetadas: em certos casos por parceiros tóxicos; por trabalhos em que não somos devidamente valorizadas ou nos quais somos diminuídas; por pais, mães, companheiros ou outras figuras autoritárias, e esse autoritarismo acaba virando uma carapuça para se blindar contra um medo profundo de ser quem cada um(a) é.

A leitura e o mergulho em tantas existências trouxeram questões muito profundas, como a fortaleza de tantas mulheres e homens que tiram do fundo dos seus percursos coragem para mudar e transformar suas próprias vidas e as das comunidades nas quais estão inseridas(os).

O tema instigador da cultura e da diversidade que perpassa a trajetória de todo este caminho investigativo nos levou a dialogar com vários autores e pensadores a respeito de valores, tradições, pertencimento, história, adaptação, assim como a cultura do politicamente correto, a cultura do consumo, a cultura da massificação, a hiperculturalidade e a multiculturalidade. Nesse universo, inúmeros autores e autoras dialogaram conosco.

Adentramos nas culturas indígenas, nas culturas africanas, nas culturas infantis, nas culturas populares, nas culturas periféricas, na cultura erudita. Refletimos sobre como as diferentes culturas conversam entre si na vida de cada ser humano e atravessam nossas existências em nossos cotidianos: por meio da música, da alimentação, das brincadeiras, dos costumes e das crenças que têm origens tão diversas. Ao mesmo tempo que nos embrenhamos nestas florestas humanas, nos enriquecemos de histórias únicas que dizem também muito de cada um(a) de nós.

Concluo este capítulo com o poema de Antonio Machado que revela nossa jornada ao longo da vida:

>He andado muchos caminos
>He abierto muchas veredas
>He navegado en cien mares
>Y atracado en cien riberas
>En todas partes he visto
>Caravanas de tristeza
>Soberbios y melancólicos
>Borrachos de sombra negra
>[...]
>Y en todas partes he visto

> Gentes que danzan o juegan
> Cuando pueden, y laboran
> Sus cuatro palmos de tierra.[20]
> (MACHADO, 1974, p. 4)

Jornadas autobiográficas: o caminho das artes

As artes, como linguagens expressivas, constituem caminho, necessidade e possibilidade de manifestar quem somos, o que estamos vivendo, sentindo, percebendo e realizando. Importantes indícios sobre cada ser humano mostram-se já desde a infância e podem ser bússolas a apontar sensibilidades, potências, caminhos expressivos e pistas sobre cada um(a).

As artes atravessaram minha vida desde que tenho memória e exerceram profunda mobilização na minha formação. As primeiras lembranças que vêm ao meu coração são relativas às *músicas* e às *canções*: cresci ouvindo repertórios do cancioneiro uruguaio, argentino, latino-americano e de língua castelhana. Desde músicas de ninar e músicas infantis – especial destaque para a cantautora argentina Maria Helena Walsh[21] – até candombe, milonga e tango.

A música clássica entrou em minha vida pelas mãos de minha avó materna. Aprendi a tocar violão em minha adoles-

---

20 "Percorri muitas estradas/ Abri muitas trilhas/ Naveguei em uma centena de mares/ E ancorei em uma centena de margens/ Em todos os lugares tenho visto/ Caravanas de tristeza/ Soberbos e melancólicos/ Bêbados de sombra negra/ [...]/ Por todos os lugares tenho visto/ Pessoas que dançam ou brincam/ Quando podem, e trabalham/ Seus quatro pés de terra" (Tradução livre).

21 Maria Helena Walsh (1930-2011), famosa poeta, compositora, escritora e musicista argentina, muito conhecida por compor e escrever para crianças.

cência, instrumento que me acompanhou por décadas e me apresentou, mais tarde, à lira. Na infância, também compus algumas canções e formei, com três amigas, um grupo de teatro para crianças pequenas.

Na minha adolescência, a música de protesto passou a fazer parte do meu repertório por meio de cantautores como o uruguaio Daniel Viglietti, os cubanos Silvio Rodríguez e Pablo Milanés, os argentinos Mercedes Sosa, Charly Garcia, Sui Generis e León Gieco. O espanhol Joan Manoel Serrat foi sempre meu músico-poeta de cabeceira. Nessa mesma época, Chico Buarque, Milton Nascimento, Gilberto Gil e Vinicius de Moraes passaram a fazer parte da minha bagagem musical, da minha vida, e se constituíram como importante ponte com a língua portuguesa e a cultura do país que adotei como meu.

A partir dos anos 1990, comecei a entrar em contato com *músicas e danças étnicas*: o sonho de me expressar por meio do corpo e adentrar o universo de diversas culturas abriu novo portal no universo das artes: músicas e danças brasileiras, indígenas, gregas, orientais, escandinavas, espanholas – flamenco em particular –, argentinas, latino-americanas, africanas. Enfim, as memórias, tradições e expressões do mundo em forma de música e dança me mostraram e ampliaram minhas lentes para a riqueza multicultural e a potência das raízes no corpo-vida dos seres humanos.

Tenho um vínculo especial com o rádio até hoje: meu avô paterno e meu pai fabricavam aparelhos de rádio no Uruguai. E nunca esquecerei a minha bisavó materna ouvindo novelas no rádio nos anos 1960. Até hoje, a música tocada no rádio – e, mais recentemente, nas plataformas de *streaming* – faz parte do meu cotidiano.

A literatura e a poesia tiveram também papel protagonista na minha infância e adolescência: minha avó materna e minha mãe eram vorazes leitoras e, além da influência da literatura uruguaia e argentina, a cultura hispano-americana, russa, espanhola e francesa me acompanharam e formaram desde pequena, também no ambiente escolar.

Além de ler muito – inclusive livros que nas décadas de 1960 e 1970 eram proibidos –, escrevi muitas poesias, diários e cartas. Cresci entre livros de Horacio Quiroga, Mario Benedetti, Eduardo Galeano, e dos espanhóis Antonio Machado, Miguel de Cervantes, Federico García Lorca, além de tantos outros que me escapam à memória. A cultura francesa foi também muito presente por meio da música e da literatura.

A literatura e a poesia brasileira e portuguesa entraram na minha vida a partir dos anos 1970, antes de aqui chegar. Percorri e percorro até hoje inúmeras obras, autores, personagens, paisagens e territórios que me convidam a mergulhar, conhecer, sentir e compreender mais e mais profundamente as culturas brasileiras de que me alimento cotidianamente.

Tive, desde pequena, contato com as artes plásticas, participando de oficinas de artes e trabalhando com barro, pintura, gravura, linguagens que até hoje me acompanham. E me dediquei a várias artes manuais, sobretudo o crochê, que aprendi com minha avó materna, que é, até hoje, um prazer e uma terapia. Exposições de arte, performances, teatro, espetáculos de música, dança, cinema, concertos de música clássica, continuam a alimentar minha alma e me comovem profundamente.

Expressões da vida: a experiência com o barro

A experiência com o barro sempre trouxe para minha vida possibilidades de me expressar, de dizer de mim e do meu momento. Faço uma metáfora do processo da escrita, da criação, do gestar e dar à luz o que está dentro de quem escreve, do que está na essência de cada um(a), do que precisa sair, jorrar, como o trabalho com o barro, que nos convida a dar forma, a trazer ao mundo a alma das imagens e emoções que nos povoam.

O caminho do presente processo de pesquisa e o de construir esta obra geraram em mim profunda paixão e transformação, e é assim que entendo que deveria acontecer com todo sujeito da experiência e com todos os processos de vida.

Em 2022, o Grupo de Estudos Biográficos resolveu prestar homenagem a homens e mulheres artistas. A partir da seleção de biografias, autobiografias, correspondências e diários de artistas, poetas, escritores(as), musicistas, dançarinos(as), filósofos(as) e outros(as) escolhidos(as) pelo grupo, mergulhamos em inúmeras histórias de vida em diálogo com as das participantes do grupo. Por meio de estudos aprofundados de diversas biografias de artistas — e jogando luz sobre as memórias de infâncias, amores, vínculos familiares e vínculos de alma significativos, dons, experiências marcantes —, continuamos a saga de conhecimento e aprofundamento na complexidade e multiculturalidade dos seres humanos.

A proposta para essa jornada foi também entrelaçar o percurso de estudos com propostas de experiências de expressão artística: música, argila, pintura, desenho, expressão corporal, escrita em prosa e poesia, práticas com instrumentos musicais, canto, bordado e outras artes manuais, de conhecimento ou não das participantes.

Descrevo aqui um dos encontros-experiência presenciais, acontecido em agosto de 2022 no Ateliê Tapir,[22] espaço idealizado pela arte-educadora Sirlene Giannotti, cujo lema é: "Viver artes ancestrais para partilhar a própria história". A proposta do ateliê dialogava, pois, com o momento de aprofundamento e autoconhecimento do nosso grupo.

A experiência compartilhada pelo grupo, a partir do relato autobiográfico da Sirlene em diálogo com a escuta de contos e a experiência com o barro a que fomos convidadas, propiciou um mergulho profundo, orgânico e sincrônico nas nossas histórias de vida, as de cada uma e as do nosso coletivo. O convite foi para, em duplas ou trios, de olhos fechados e mãos dadas, modelar uma imagem (que foi recebida só por uma das integrantes de cada dupla) — uma modelava com a mão esquerda; a outra, com a mão direita.

Desta forma, cada dupla, sem falar entre si, procurou se comunicar: aquela que tinha recebido a palavra da imagem a ser modelada guiava, sem palavras e só com uma mão, a parceira para que, por meio do toque, do contato com o barro, esta última desvendasse qual era a imagem a ser criada. Assim, cada par criou — em silêncio e em profundo contato consigo, com suas sensações, movimentos e emoções — as imagens: uma dança das mãos, uma história, uma narrativa.

---

[22] Veja mais em: https://www.instagram.com/tapiratelie. Acesso em: 8 out. 2022.

A seguir, algumas imagens que expressam, por meio dos gestos, dos processos e das produções, emoções e traços da vida de cada participante desse grupo e desse coletivo. As citações que aparecem após cada fotografia foram escolhidas a partir de autores que me inspiram e que relacionei com cada imagem e situação.

Figura 1: Encontro do Grupo de Estudos Biográficos no Ateliê Tapir.
Fonte: Sirlene Giannotti.

> O escutar não é um ato passivo [...] Eu tenho, primeiramente, de dar as boas-vindas ao outro; [...] Então, eu o presenteio com a escuta. O escutar é um presentear, um dar, um dom. Só ele traz o outro primeiramente à fala [...] O escutar convida o outro a falar, liberta-o em sua alteridade [...] o escutar pode ser curativo. (HAN, 2022, p. 123-124)

Figura 2: Criação em duplas – Bete e Adriana: árvore.
Fonte: Sirlene Giannotti.

> O espaço, fora de nós, ganha e traduz as coisas: se quiseres conquistar a existência de uma árvore, reveste-a de espaço interno, esse espaço que tem seu ser em ti. Cerca-a de coações. Ela não tem limite, e só se torna realmente uma árvore quando se ordena no seio da tua renúncia. (VIGÉE *apud* BACHELARD, 2009, p. 204)

Figura 3: Criação em duplas – Rita e Luisa: caverna.
Fonte: Sirlene Giannotti.

>
> Con dos miradas
> miro
> dos paisajes
> [...]
> por separado
> son los lugares comunes
> del paisaje
>
> pero si están contiguos
> en mi doble mirada
> son lugares
> más bien
> extraordinarios.[23]
> (BENEDETTI, 1963, p. 17)

---

23 "Com dois relances/ olho/ para duas paisagens/ [...]/ separadamente/ são os lugares comuns/ da paisagem/ mas se forem contíguos/ no meu olhar duplo/ são lugares/ bastante/ extraordinários" (Tradução livre).

Figura 4: Criação em trio – Daniela, Glaucia e Gisele: criança.
Fonte: Sirlene Giannotti.

> Há coisas que parecem tão próximas de nós quanto nosso próprio coração, embora às vezes venham de muito longe. Como esse poema japonês, de época e autor desconhecidos: "A beleza é a eternidade olhando para si própria num espelho – e cada um de nós é a eternidade, assim como cada um de nós é o espelho".
> (LISBOA, 2004)

Figura 5: Criação em duplas – Ana e Angela: flor.
Fonte: Sirlene Giannotti.

> Se o jardineiro abandonasse no meio a tarefa
> e cansado se sentasse numa cadeira
> e gastasse toda a tarde
> sob rosas gordas que não apenas rosas
> [...]
> talvez se sentisse um poeta
> olhando o poema
> que não sabe terminar.
> (MARQUES, 2021, p. 17)

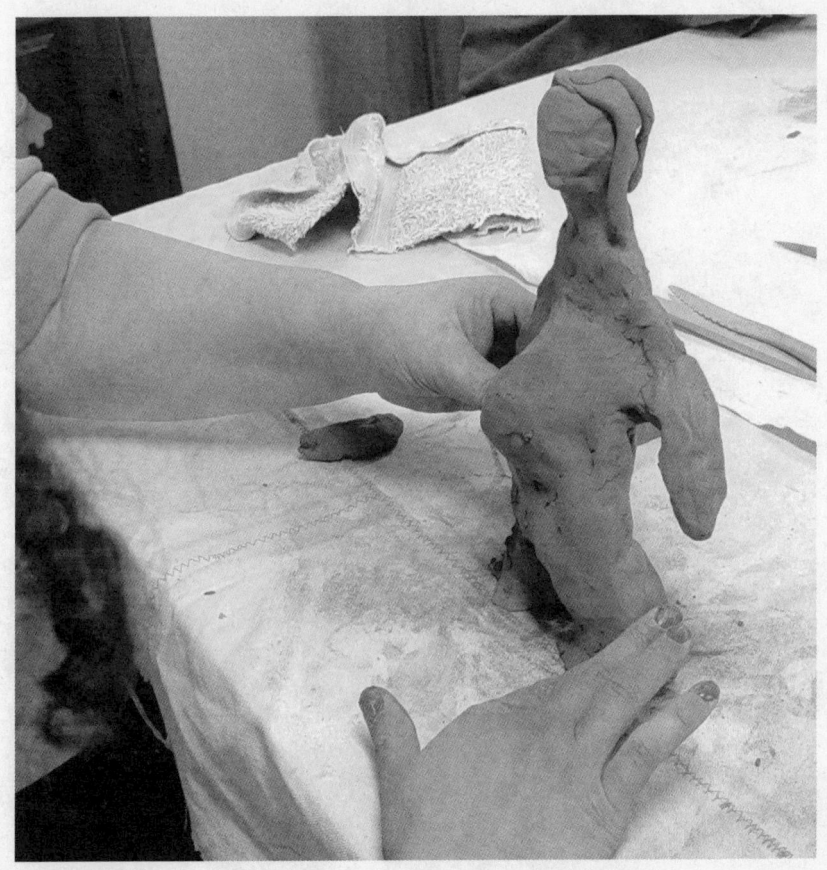

Figura 6: Criação em duplas – Cristina e Laizane: mulher.
Fonte: Sirlene Giannotti

>
> Você veio para a vida.
> Nela há coisas redondas
> coisas de colorir
> coisas de ser.
> (MARQUES, 2021, p. 124)

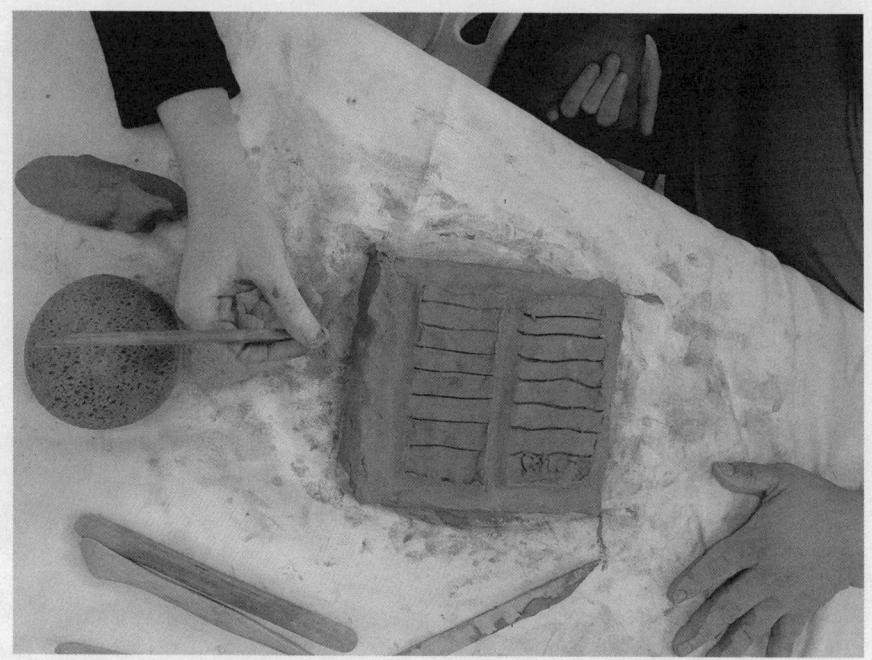

Figura 7: Criação em duplas – Jacqueline e Helena: livro.
Fonte: Sirlene Giannotti

=sentido= felizmente, as palavras
se foram for-mando
Quem lhes deu
a "verdade" absoluta? nada é absoluto
Tudo se transforma, tudo se move, tudo gira – tudo voa e vai.
(FRIDA KAHLO *apud* HERRERA, 1995, p. 235)

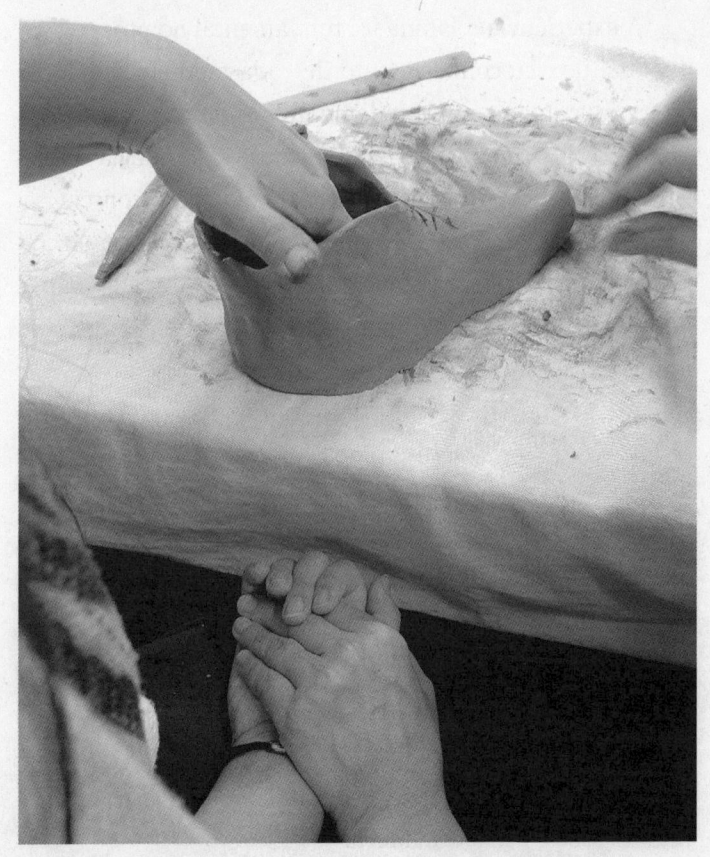

Figura 8: Criação em duplas – Isabela e Raquel: sapato.
Fonte: Sirlene Giannotti.

> Queria fazer-me existir para os outros, comunicando-lhes da maneira mais direta o sabor da minha própria vida.
> (BEAUVOIR, 1972, p. 502)

A experiência relatada foi fundamental no processo individual de autoconhecimento de cada membro do coletivo, assim como no aprofundamento dos vínculos dentro do grupo. De forma não verbal e a partir da experiência de mexer com o barro, afloram outras camadas do inconsciente: neste tipo de experiência, o mental, o pensamento e a reflexão não são mais os que comandam. É a força do barro, neste caso, que faz com que cada um(a) adentre em suas intuições, sensações e emoções.

A beleza de mexer no barro está não somente no material – que por si só é úmido, chama a natureza, chama à presença e ao mergulho em uma profunda dimensão do ser –, mas também na possibilidade de desconectar-se dos automatismos e de pensamentos recorrentes, adentrar o inconsciente e mergulhar nas emoções, sentimentos, sensações e pesquisas de outras possibilidades expressivas. O jeito de cada um(a) mexer no barro, a energia que cada qual coloca nos diferentes momentos do processo de criação constituem experiência profundamente mobilizadora e, muitas vezes, transformadora.

Toda e qualquer linguagem ou expressão artística – as artes plásticas (desenho, pintura, escultura), a música, o canto, a prática de um instrumento; a poesia, a palavra, a escrita; o movimento, a dança; trabalhos manuais; a brincadeira, o jogo e todas as expressões criativas – podem constituir caminhos, trilhas, experiências que venham a contribuir com o processo de autoconhecimento e, sobretudo, de descoberta de canais expressivos individuais.

Considerando que cada ser humano tem um potencial diferente, conforme sua trajetória individual, suas raízes e suas habilidades, seu perfil, seu jeito de ser, sua essência única, defendo a importância de pesquisar e tentar descobrir quais são os canais expressivos de cada um(a), como trilhas para vidas mais genuínas e significativas. Vivenciar experiências diversas pode vir a ser a chave que mostre a cada ser humano seu papel e sua forma de expressar emoções, sentimentos e pensamentos.

ALGUMAS CONTRIBUIÇÕES DAS PESQUISAS BIOGRÁFICAS

> *Las epifanías son [...] según Turner (1986), fases liminales de experiencia. Son actos existenciales. Los significados de dichas experiencias son siempre otorgados retrospectivamente, en cuanto ellas son revividas y reexperimentadas en las historias que las personas cuentan acerca de aquello que les ha pasado. Estas epifanías son experimentadas como dramas sociales, eventos dramáticos con comienzos, medios y finales que representan rupturas en la vida diaria.*[24]
>
> Denzin (2017, p. 85)

Histórias de vida e humanização

A pesquisa biográfica é muito interessante, tanto para conhecer histórias de vida únicas quanto para humanizar as

---

[24] "As epifanias são [...] de acordo com Turner (1986), fases liminares da experiência. São atos existenciais. Os significados de tais experiências são sempre dados retrospectivamente, à medida que são revividos e reexperimentados nas histórias que as pessoas contam sobre o que lhes aconteceu. Estas epifanias são vividas como dramas sociais, acontecimentos dramáticos com inícios, meios e fins que representam rupturas na vida cotidiana" (Tradução livre).

relações em quaisquer âmbitos de convivência: sociais, políticos, éticos e estéticos. Aqui, minha referência são as ideias e ensinamentos de Luiza Christov: a importância de habitarmos os lugares e coletivos que integramos de forma ética, para cuidarmos de cada um(a) de nós e dos(as) outros(as).

Na família, na comunidade, na escola, no trabalho, em quaisquer territórios onde houver convivência e trocas, torna-se urgente e necessário transformar, ampliar e aprofundar nossos olhares e os pontos de vista que temos para com os(as) outros(as). Apurar a escuta de crianças, jovens, adultos e dos mais velhos – das suas emoções, histórias, estórias, pensamentos, valores, costumes – é caminho para identificarmos elementos e pistas sobre seus interesses, necessidades e potências. A respeito de quem é cada ser humano escondido por trás da *persona* que apresenta ao mundo: seus mistérios, suas singularidades, sua intimidade, seus sentimentos, suas emoções, seus segredos, seus sonhos, seus medos...

É necessário refletir sobre a importância de acolher todo e qualquer ser humano, considerando que cada um(a) é diferente e único(a), já que tem raízes multiculturais e bases educacionais singulares, não só dependendo do momento histórico e da região/cultura onde nasceu e cresceu, como também da família em que foi criado(a) e da educação e dos valores que recebeu.

Igualmente, deve-se compreender que, ao mesmo tempo que se pensa em uma educação de qualidade e em oportunidades e direitos iguais para todos – sem discriminação de raça, cor, gênero e/ou origem –, é essencial respeitar as singularidades de cada um(a). Para que seja possível acolher integralmente e para que uma convivência social pacífica aconteça, é importante estabelecer – em todos os segmentos sociais, educacionais, coletivos, profissionais e familiares – processos de autoconhecimento e pesquisas biográficas que aceitem e respeitem a diversidade de perfis dos sujeitos e dos grupos.

Com isso, é possível contribuir para pensar em políticas inclusivas, integrativas, para a cidade, para quaisquer territórios, contextos e grupos sociais, para a educação, a cultura, a arte e a saúde. Pesquisas que são fruto de estudos acadêmicos devem e podem ser disseminadas e aplicadas junto a tomadores de decisões nas várias instâncias sociais, educacionais e governamentais, para que possam, então, adequar programas, projetos e políticas aos cotidianos dos cidadãos, em prol de vidas mais humanas, equitativas e significativas.

A importância desta investigação reside em uma aproximação a fatores que podem mobilizar ações educacionais planejadas – junto a comunidades, coletivos, territórios – por meio de práticas criativas que considerem as lógicas próprias dos grupos sociais e das populações participantes. Assim se justifica o levantamento de biografias e narrativas contextualizadas em situações diversas que permite a identificação de valores, de processos de subjetivação e de indícios capazes de orientar programas, propostas e políticas públicas que construam efetivo diálogo com populações participantes das ações – partindo do pressuposto da complexidade que encerra a subjetividade e os processos sociais de subjetivação. Considerar narrativas biográficas e autobiográficas permite aproximações a significados, memórias, simbologias, repertórios de linguagem e sentidos produzidos no interior de cada experiência.

A escuta e a partilha de biografias e autobiografias narradas por professores, artistas, arte-educadores, educadores, pesquisadores, gestores escolares, coordenadores de projetos culturais e outros atores sociais possibilita vislumbrar aproximações à complexidade de cada experiência compartilhada e problematizada, por meio de rodas de conversa, trocas e reflexões, diálogos e vivências, o que favorece a abordagem de diferentes aspectos de cada biografia e seu contexto.

No esforço de não separar o que é uno, apostamos nas narrativas biográficas e autobiográficas como base para entrarmos em contato com as experiências tal como se apresentam na elaboração de sentidos de cada narrador(a). Assim, podemos buscar com cada um(a) as relações contextuais e, por indiciamento, operar uma aproximação a fatores de subjetivação e motivação para a criação de projetos educacionais, culturais e artísticos, em territórios diversos. Como afirma Denzin:

> As vidas e histórias que ouvimos e estudamos são dadas sob uma promessa de proteger aqueles que as partilharam conosco. É possível comparar os nossos documentos de vida que falam da dignidade humana, do sofrimento, das esperanças, das vidas ganhas e das vidas perdidas das pessoas que estudamos. Estes documentos tornam-se testemunhos da capacidade humana de continuar, prevalecer e triunfar sobre as forças estruturais que ameaçam aniquilar-nos a qualquer momento. (DENZIN, 2017, p. 88)

A partir das propostas apresentadas neste ensaio, o desafio é abrir novas linhas de investigação, estudos e práticas. As Jornadas Autobiográficas, que criei e iniciei recentemente com pequenos grupos e com algumas pessoas interessadas de forma individual, têm como fonte de inspiração a trajetória dos estudos biográficos e autobiográficos, constituindo novo portal e camada mais profunda dessas pesquisas.

Nesse processo, cada participante é convidado(a) a fazer incursões em sua própria história de vida para desvelar sinais, indícios, com base em suas memórias e pesquisas de suas raízes de origem. O propósito dessas jornadas é possibilitar caminhos para o reencontro do ser mais genuíno de cada participante: entrelaçar sinais, indícios, reencontrar, ressignificar e reconhecer o fio dourado de cada um(a). É importante frisar que não se trata de terapia, embora o processo de trabalhar com memórias, imagens, sonhos e expressões das mais variadas acabe se tornando terapêutico, como podemos perceber pelos depoimentos de algumas participantes.

> *Estar em uma jornada autobiográfica, com a condução de quem já trilhou muitos caminhos, e partilhar de encontros com outras pessoas em diversos momentos do percurso é uma aventura com proteção, arrojo e leveza. Despetalar-se ao vento sem temer a dor, exalar os próprios perfumes, alguns sequer conhecidos, passear por lugares já vistos com novo olhar, perceber as sincronicidades em diversas falas e ser grata pelo exato momento que acontece. Ter a certeza de que carrega em si diversas biografias, sem perder a essência, o encanto e a luz que te faz única. Se fosse possível resumir, diria que é virar livro, com folhas em branco onde se podem ler todas as palavras em todas as línguas, com vontade que a história seja infinita. (Andrea Noguei-*

ra, 52 anos, advogada, participante das Jornadas Autobiográficas, 2022)

Com o movimento e as sutilezas da infância, vou vivenciando e construindo a minha história. História que é tecida por afetos tristes e alegres que compõem o encontro do meu passado com a esperança de um futuro, no momento do agora. O presente é todo meu. É meu espaço-tempo de inventar outro modo de estar neste mundo. (Erika Mariana Abreu Soares, 38 anos, psicóloga e professora, participante das Jornadas Autobiográficas, 2022)

Participar da jornada de estudos biográficos é para mim uma oportunidade de alinhar nosso tempo-espaço com minha própria alma. Encontrar conexões entre biografias de outras pessoas e a de pensadores, artistas, me auxilia a aprofundar a conexão com minha própria história de vida, com os impulsos que me movem dentro dela e com as histórias dos meus ancestrais. Ao mesmo tempo que, quando visualizamos as vidas de outras pessoas como um todo, observamos os ciclos, encontrar esses pontos de conexão me abriu a percepção dos ciclos grandes e pequenos que permeiam minha vida. (Danila Fleury, 40 anos, servidora pública, participante das Jornadas Autobiográficas, 2022, 2023)

Encontrei-me com a minha própria história e a dos meus. Descobri que além da cor da minha pele e do meu cabelo para cima também herdei de um parente bem, bem distante, conhecido como ancestral, que teve sua história narrada pelos meus pais, que ouviram dos meus avós, que ouviram dos meus bisavós, que ouviram dos meus tataravós sobre SER e ESTAR no mundo, sendo destemida, corajosa, curiosa, empática,

> *cuidadora e afetuosa e de tantas outras mil maneiras. Sim, tudo isso me constituiu e constitui [...] Quantos encontros e significados me afetaram e me moveram para narrar parte da minha história.* (Quéli Cristina Arantes Pedro Italiano, 45 anos, pedagoga, participante das Jornadas Autobiográficas, 2022).

A roda da vida

O filósofo coreano Byung-Chul Han inspira esta trajetória apontando que cada ser humano "atua e sente de uma maneira diferente e oposta a nós". Ele destaca a necessidade de conseguirmos nos colocar no lugar do outro, na relação com o outro e conceder ao outro "uma prioridade ética, escutar e responder ao outro" (HAN, 2022, p. 119-121).

> Confortar-se com um ser humano significa, segundo Lévinas, "ser desvelado por um enigma" [...] O que é, afinal, o amor, senão entender e se alegrar com o fato de que um outro vive, atua e sente de uma maneira diferente e oposta a nós? [...] faz-se necessário tomar a vida novamente da perspectiva do outro, da relação ao outro, e conceder ao outro uma prioridade ética, escutar e responder ao outro. (HAN, 2022, p. 119-121)

A jornada empreendida e relatada neste ensaio vem contribuindo para o aprimoramento, aprofundamento e ampliação de reflexões, para o conhecimento de histórias de vida e múltiplas narrativas e para o enriquecimento no caminho de desvelar os seres humanos – não no sentido de tornar qualquer proposta definitiva ou hermética, mas na possibilidade de aprofundamento na compreensão de histórias de vida, na forma de narrá-las, nas possibilidades de escrever sobre elas, de dançá-las, de pintá-las, de retratá-las, de cantá-las. Em outras palavras, trata-se de expandir oportunidades de expressar histórias pessoais para conhecer mais profundamente os indivíduos e, assim, abrir-nos para nos tornarmos mais humanos e compassivos.

As pesquisas aqui relatadas voltaram-se para a singularidade e a complexidade de cada experiência narrada e suas relações com os contextos selecionados. A motivação deste estudo foi propiciar mergulhos profundos nas biografias de cada sujeito com quem tivemos algum tipo de interlocução (direta ou indiretamente): eu, de forma individual em algumas situações; e, em outras, com os estudantes dos cursos de pós-graduação, com o Grupo de Estudos Biográficos e com as participantes da Jornada Autobiográfica. O desafio proposto neste livro é possibilitar a identificação de indícios sobre processos de subjetivação e a criação de práticas e discursos que inspirem a existência de projetos educacionais, artísticos e culturais alinhados com as ideias apresentadas.

É meu desejo que este ensaio venha contribuir para a construção de subsídios nas áreas de formação de professores, educadores, arte-educadores, pesquisadores, ativistas sociais, gestores, coordenadores e quaisquer profissionais interessados que trabalhem com pessoas. Ainda, espero que ele contribua para o campo das ciências sociais, dos estudos de histórias de vida, pesquisas autobiográficas e debates sobre subjetivação no mundo.

Que este ensaio possa ser disseminado, que reverbere e contribua para a formação continuada daqueles(as) que atuam em escolas públicas, privadas e em projetos sociais, artísticos e culturais, com o intuito de empreenderem pesquisas biográficas e autobiográficas que valorizem as raízes multiculturais dos membros dos diferentes grupos e comunidades. Dessa maneira, desejo que este texto possa colaborar para processos de humanização das relações entre pares e, consequentemente, provoque maior abertura, escuta e aceitação da diversidade de vidas de crianças, jovens e adultos que frequentam e participam dessas instituições, coletivos e projetos.

O mais importante é que, chegado o final desta obra, você, leitor, e você, leitora, estejam, de alguma forma e em algum canto do seu ser, sensibilizado(as) para a complexidade e os mistérios que somos todos nós, seres humanos, a partir da nossa subjetividade e dos nossos papéis na sociedade.

As trilhas propostas são absolutamente subjetivas e só podem ser realizadas em espaços de introspecção e de forma individual ou a partir de conversas com membros da família, da leitura de livros, da escuta de músicas ou de quaisquer outras manifestações que evoquem memórias. Ainda assim, vale destacar que é sempre importante contar com interlocutores ou com um grupo que sirva de ninho acolhedor para compartilhar algumas dessas memórias-imagens escolhidas: contar, expressar, dividir pedacinhos de vida é sempre curativo, ajuda a relativizar nossa própria história e nos torna mais compassivos para com os(as) outros(as). Antes de acolher, escutar e orientar outras pessoas nessa jornada, é fundamental ter passado por experiências de autoconhecimento.

Convido você a refletir, a recuperar recortes da sua vida ou memórias da sua infância e a conectá-las com seu momento atual. Até onde sua história de vida trouxe você? Que indícios, que sinais, já apareciam na sua infância que prenunciavam o ser humano que você é, se tornou e ainda há de se revelar? O desafio está posto: desvelar, entrelaçar e recriar as filigranas das nossas histórias de vida.

Referências

AUGÉ, Marc. *Não lugares*: introdução a uma antropologia da supermodernidade. São Paulo: Papirus, 1994.

BACHELARD, Gaston. *A poética do devaneio*. São Paulo: Martins Fontes, 2009.

BARROS, Manoel. *Memórias inventadas*. São Paulo: Planeta, 2010.

BEAUVOIR, Simone de. *Balanço final*. Rio de Janeiro: Nova Fronteira, 1972.

BENEDETTI, Mario. Los lugares comunes. *In*: *Inventário*. Montevideo: Editorial Alfa, 1963.

BERTAUX, Daniel. *Les récits de vie*. Paris: Nathan, 1997.

BOSI, Ecléa. *Memória e sociedade*: lembranças de velhos. São Paulo: Companhia das Letras, 1994.

BUENO, Belima Oliveira; SOUZA, Cynthia Pereira de; CATANI, Denice Barbara; SOUZA, Maria Cecilia C. C. Docência, memória e gênero: estudos alternativos sobre formação de professores. *Psicologia USP*, São Paulo, v. 4, n. 1-2, p. 299-318, 1993.

BURKHARD, Gudrun. *Tomar a vida nas próprias mãos*: como trabalhar na própria biografia o conhecimento das leis gerais do desenvolvimento humano. São Paulo: Antroposófica, 2000.

CANCIÓN del elegido. Compositor e intérprete: Silvio Rodríguez. *In*: Al final de este viaje en la vida, 1978.

CARVALHO, Edgard de Assis. *Espiral de ideias*: textos de antropologia fundamental. São Paulo: Livraria da Física, 2017.

CASTRO, Manuel Antônio de. Heidegger e as questões da arte. *In*: *Arte em questão*: as questões da arte. Rio de Janeiro: 7Letras, 2005.

CHRISTOV, Luiza H. da Silva. *Escrita de si e texto acadêmico*: potência e cuidados no convite ao conhecimento. *In*: CONGRESSO INTERNACIONAL DE PESQUISA (AUTO)BIOGRÁFICA, 9., 2021, Brasília, DF. *Anais* [...]. Brasília, DF: UnB, 2021.

DAVIS, Kathy. Auto/Biography: Bringing the "I". *In*: LUTZ, Helma et al. (org.) *Handbuch Biographieforschung*. Frankfurt: Springer, 2018.

DENZIN, Norman. Autoetnografía interpretativa. *Revista Investigación Cualitativa*, v. 2, n. 1, p. 81-90, 2017.

_____. *Assumption of the method*. Thousand Oaks: Sage, 2011.

DREXLER, Jorge. *Movimiento*. Álbum Salvavidas de Hielo, 2017.

ECKSCHMIDT, Sandra. *A arte de lembrar e esquecer*: narrativas autobiográficas de professores(as) sobre a sua infância. 2011. Dissertação (Mestrado em Educação) – Universidade Federal de Santa Catarina, Florianópolis, 2011.

FREIRE, Paulo. *Educação e mudança*. 36. ed. São Paulo: Paz e Terra, 2014.

_____. *Pedagogia da esperança*: um reencontro com a pedagogia do oprimido. São Paulo: Paz e Terra, 2012.

_____. *Uma história de vida*. São Paulo: Vila das Letras, 2006.

FREIRE, Paulo; BETTO, Frei. *Essa escola chamada vida*. São Paulo: Ática, 2000.

FRIEDMANN, Adriana. *A vez e a voz das crianças*: escutas antropológicas e poéticas das infâncias. São Paulo: Panda Educação, 2020.

GAMBINI, Roberto. *Espelho índio*: a formação da alma brasileira. São Paulo: Axis Mundi; Terceiro Nome, 2000.

GINZBURG, Carlo. *Mitos, emblemas, sinais*: morfologia e história. São Paulo: Companhia das Letras, 1992.

_____. *O queijo e os vermes*. São Paulo: Companhia de Bolso, 2006.

HALBWACHS, Maurice. *A memória coletiva*. São Paulo: Centauro, 2013.

HAN, Byung-Chul. *A expulsão do outro*: sociedade, percepção e comunicação hoje. Petrópolis: Vozes, 2022.

_____. *Favor fechar os olhos*: em busca de um outro tempo. Petrópolis: Vozes, 2021.

_____. *O desaparecimento dos rituais*: uma topologia do presente. Petrópolis: Vozes, 2021.

_____. *Sociedade da transparência.* Petrópolis: Vozes, 2017.

HENZ, Celso Ilgo; SIGNOR, Patricia; SOARES, Ivani. Andarilhando: movimentos que se entrelaçam em Marie-Christine Josso e Paulo Freire. *Revista Espaço Pedagógico,* São Paulo, v. 27, n.3, p. 750-775, 2021.

HERRERA, Hayden. *Frida:* a biografia. Tradução de Renato Marques. São Paulo: Globo, 2011.

HILLMAN, James. *O código do ser.* São Paulo: Objetiva, 2001.

INGOLD, Tim. *Antropologia e/como educação.* Petrópolis: Vozes, 2020.

JOSSO, Marie-Christine. O caminhar para si: uma perspectiva de formação de adultos e de professores. Entrevistador: Margaréte May Berkenbrock-Rosito. *Revista @mbienteeducação,* São Paulo, v. 2, n. 2, p. 136-139, 2009.

JUNG, Carl. *Aion*: estudos sobre o simbolismo de si mesmo. Petrópolis: Vozes, 1982.

_____. *Memórias, sonhos e reflexões.* Rio de Janeiro: Nova Fronteira, 1999.

_____. *O homem e seus símbolos.* Rio de Janeiro: Harper Collins, 2016.

_____. *Tipos psicológicos.* Petrópolis: Vozes, 2013.

LARROSA, Jorge. *Linguagem e educação depois de Babel.* Belo Horizonte: Autêntica, 2004.

_____. Notas sobre a experiência e o saber de experiência. *Revista Brasileira de Educação,* Rio de Janeiro, n. 19, p. 20-28, 2002.

LE BRETON, David. *Antropologia dos sentidos.* Petrópolis: Vozes, 2016.

LEMINSKI, Paulo. Incenso fosse música. In: *Distraídos venceremos.* São Paulo: Brasiliense, 1987.

LISBOA, Luiz Carlos. *O som do silêncio.* Campinas: Verus, 2004.

LÓPEZ-PEDRAZA, Rafael. *As emoções no processo psicoterapêutico.* Petrópolis: Vozes, 2010.

MACHADO, Antonio. *Soledades*: poesías. Madrid: Losada, 1974.

MARQUES, Ana Martins. *A vida submarina.* São Paulo: Companhia das Letras, 2021.

MELLO, Thiago de. Os estatutos do homem. *In*: *Vento geral*. Rio de Janeiro: Civilização Brasileira, 1984.

MORIN, Edgar. *Introdução ao pensamento complexo*. Porto Alegre: Sulina, 2015.

MORIN, Edgar; LE MOIGNE, Jean-Louis. *A inteligência da complexidade*. Tradução de Nurimar Maria Falci. São Paulo: Peirópolis, 2000.

NÓVOA, António (org.). *Profissão professor*. Porto: Porto, 1992.

ORLANDI, Eni P. *Análise do discurso*: princípios e procedimentos. Campinas: Pontes, 2013.

PARATODOS. Francisco de Hollanda: Chico Buarque. Rio de Janeiro: RCA, 1993.

PINEAU, Gaston. As histórias de vida em formação: gênese de uma corrente de pesquisa-ação-formação existencial. *Educação e Pesquisa*, São Paulo, v. 32, n. 2, p. 329-343, 2006.

RAFFAELLI, Rafael. Imagem e self em Plotino e Jung: confluências. *Estudos de Psicologia*, Campinas, v. 19, n. 1, p. 23-36, 2002.

RILKE, Rainer Maria. *Cartas a um jovem poeta*. Porto Alegre: LPM, 2009.

ROSENTHAL, Gabriele. Biographical research. *In*: SEALE, Clive *et al.* (ed.). *Qualitative research practice*. Londres: Sage, 2004. p.48-64.

_____. Veiling and denying the past. *The History of the Family*, Abingdon, v. 7, n.2, p. 225-238, 2002.

SOUZA, Elizeu C. Diálogos cruzados sobre pesquisa (auto)biográfica: análise compreensiva-interpretativa e política de sentido. *Educação*, Santa Maria, v. 39, n. 1, p. 39-50, 2014.

_____. (Auto)biografias, histórias de vida e práticas de formação. *In:* NASCIMENTO, Antônio Dias; HETKOWSKI, Tânia Maria (org.). *Memória e formação de professores*. Salvador: EDUFBA, 2007. p. 59-74.

SILVEIRA, Nise da. *O mundo das imagens*. São Paulo: Ática, 1992.

SZYMBORSKA, Wislawa. Um pouco sobre a alma. *In: Para o meu coração num domingo*. São Paulo: Companhia das Letras, 2020.